Die Rechtsstellung des Drehbuchautors

Von

Dr. jur. Christoph Andritzky

Berlin und Leipzig 1931

Walter de Gruyter & Co.

vormals G. J. Göschen'sche Verlagshandlung — J. Guttentag, Verlagsbuchhandlung
Georg Reimer — Karl J. Trübner — Veit & Comp.

Druck von Ferdinand Berger, Horn.

R. E. Stolzenberg
zugeeignet

Vorwort.

Das vorliegende Buch wird sich nur mit der Rechtsstellung der Autoren dramatischer Filme, sogenannter Spielfilme, befassen. Die Urheberrechtsfragen bei Lehrfilmen, Reklamefilmen und Filmbildberichterstattungen (Wochenschauen) sind nicht Gegenstand dieser Abhandlung.

Der Arbeit zugrunde gelegt sind die Rechtsfragen des stummen Films, welche zur Zeit der Invasion des Tonfilms noch längst nicht ihre befriedigende Beantwortung gefunden haben. Mag sich aber nun der Tonfilm so durchsetzen, daß er für alle Zeiten den stummen Film zu verdrängen imstande ist oder mag er das nicht: zur rechten Erkenntnis der urheberrechtlichen Probleme, welche der Tonfilm zu lösen aufgibt, wird man am leichtesten gelangen, wenn man von den Rechtsfragen des stummen Films ausgeht und sie zur Grundlage der Erörterung tonfilmrechtlicher Probleme macht. Ebenso wie der Tonfilm sich technisch auf dem stummen Film aufbaut, ebenso werden tonfilmrechtliche Erörterungen sich auf Erörterungen über das Recht des stummen Films aufzubauen haben.

Überdies glaube ich, daß die literarisch-urheberrechtlichen Fragen, die sich an die Erfindung des Tonfilms anknüpfen, als schwieriger angesehen werden als sie sind, und daß gerade die Rechtsstellung des Tonfilmdrehbuchautors sich von der des Drehbuchautors eines stummen Films nur in unwesentlichen Punkten unterscheidet. Ich hoffe, dieses im letzten Kapitel dieser Schrift nachweisen zu können.

Die Behandlung filmrechtlicher Fragen ist nur möglich, wenn man mit den tatsächlichen Verhältnissen in der Filmindustrie vertraut ist. Einen Einblick in diese Verhältnisse zu gewinnen, ist für den, welcher künstlerisch oder kaufmännisch im

Filmgewerbe nicht tätig ist, nicht leicht. Ich bin dem Filmfachmann R. E. Stolzenberg zu großem Dank verpflichtet, weil er mir die Möglichkeit gegeben hat, alle Sparten der Filmindustrie aus eigener Anschauung kennen zu lernen, und weil er mir das von ihm verfaßte, im Anhang teilweise abgedruckte, mustergültige Drehbuch zur Veröffentlichung überlassen hat. Auch dem Dramatiker P. M. Lampel danke ich an dieser Stelle für seine Einwilligung zum Abdruck des von Stolzenberg nach seinem Bühnendrama verfaßten Drehbuchs „Pennäler", sowie für seine Bemühungen um Beschaffung von Filmvertragsmaterial. Hella Moja und dem Regisseur Heinz Paul bin ich für Auskünfte verschiedener Art, dem Vorsitzenden des Verbandes deutscher Filmautoren, Herrn Dr. Schirokauer bin ich für sein freundliches Interesse an der Arbeit verbunden.

Liegnitz, den 15. Juni 1930.

Christoph Andritzky.

Inhaltsverzeichnis.

Literatur-Verzeichnis und Abkürzungen.

In Klammern sind die für die Abhandlung verwendeten Abkürzungen des jeweiligen Werks enthalten.

Allfeld: Das Urheberrecht an Werken der Literatur und der Tonkunst. 2. Aufl. München 1928 (Allfeld).

Alexander-Katz: Moderner unlauterer Wettbewerb. Bd. 27 der „Rechtsfragen der Praxis", Berlin 1929.

Bertram: Der Kinematograph in seinen Beziehungen zum Urheberrecht. Leipzig 1919.

Böhm: Verträge im Filmgewerbe, insbesondere die Filmpacht, die Filmlizenz und der Filmserienvertrag. Leipz. Diss. 1919.

Brennert: Urheber und Film. Berlin 1920.

Brunner: Das österreichische Film- und Kinorecht nebst den wichtigsten einschlägigen Gesetzen und Verordnungen. Wien und Leipzig 1928.

Cohn: Kinematographenrecht. Berlin 1912.

Dienstag: Der Arbeitsvertrag des Filmschauspielers und Filmregisseurs. Berlin 1929. (Dienstag.)

Das Drehbuch, eine Sammlung ausgewählter Filmmanuskripte. Potsdam 1924.

Eckstein: Deutsches Film- und Kinorecht. Mannheim 1924. (Eckstein.)

Elster: Urheber- und Erfinder-Warenzeichen- und Wettbewerbsrecht. 2. Aufl. Berlin und Leipzig 1928. (Elster.)

von Erffa: I diritti d'autore in materia cinematografica. Citta di Castello 1926.

Fagg: Urheberschaft und Urheberrecht am Film. Berlin 1928. (Fagg.)

Fuld: Gesetz, betreffend das Urheberrecht an Werken der bildenden Künste und der Photographie. Berlin und Leipzig 1925. 2. Aufl. (Fuld.)

Goldbaum: Urheberrecht und Urhebervertragsrecht. 2. Aufl. Berlin 1927. (Goldbaum Urheberrecht.)

Ders. Theaterrecht. Berlin 1914.

Ders. Filmverlagsrecht an drehreifen Büchern. Berlin 1922.

Ders. Tonfilmrecht. Berlin 1929.

Hillig: 385 Gutachten über urheberrechtliche, verlagsrechtliche und verlegerische Fragen. Leipzig 1928.

Hoffmann: Das Reichsgesetz über das Verlagsrecht. Berlin 1925.

Koch: Das Urheberrecht des Bühnenregisseurs. Berlin 1927 (Koch.)
Kohler: Kunstwerkrecht. Stuttgart 1908.
Ders. Urheberrecht an Schriftwerken und Verlagsrecht. Stuttgart 1907.
Künzig: Der Verlagsvertrag des Filmrechts. Eilenburg 1928.
Lilia: Urheberrecht an der Regie. Leipz. Diss. 1914.
Magnus: Tabellen zum internationalen Recht. 3. Heft Urheberrecht. Berlin 1928.
Marwitz und **Möhring**: Das Urheberrecht an Werken der Literatur und der Tonkunst in Deutschland. Berlin 1929. (Marwitz-Möhring.)
May: Das Recht des Kinematographen. Berlin 1912.
Opet: Deutsches Theaterrecht. Berlin 1897.
Osterrieth: Das Kunstschutzgesetz. Berlin 1907.
Osterrieth-Marwitz: Das Kunstschutzgesetz. 2. Aufl. Berlin 1929.
Ott: Das Filmmanuskript. Berlin 1926.
Pudowkin: Filmregie und Filmmanuskript. Berlin 1928
Riezler: Deutsches Urheber- und Erfinderrecht. Berlin 1909.
Schütze: Kinematographisches Urheberrecht. Leipz. Diss. 1913.
Tätigkeitsbericht der Spitzenorganisation der deutschen Filmindustrie. Berlin 1929.
Székely: Melodie des Herzens. Ein Tonfilmdrehbuch. Berlin 1930.
Voigtländer-Fuchs: Gesetze, betr. Urheber- und Verlagsrecht. Leipzig 1914.

Zeitschriften.

Gewerblicher Rechtsschutz und Urheberrecht. (GRuU).
Archiv für Urheber-, Film- und Theaterrecht. (Ufita).
Markenschutz und Wettbewerb. (MUW).
Juristische Wochenschrift. (JW).
Leipziger Zeitschrift für deutsches Recht. (LZ).
Der Kinematograph.
Die Lichtbildbühne.

Sonstige Abkürzungen.

RGZ: Entscheidungen des Reichsgerichts in Zivilsachen.
RGST: Entscheidungen des Reichsgerichts in Strafsachen.
KG: Kammergericht.
KSchG: Gesetz, betreffend das Urheberrecht an Werken der bildenden Künste und der Photographie vom 9. Januar 1907. (Kunstschutzgesetz.)
LUG: Gesetz, betreffend das Urheberrecht an Werken der Literatur und der Tonkunst vom 19. Juni 1901. (Literaturschutzgesetz.)
UWG: Gesetz gegen den unlauteren Wettbewerb vom 7. Juni 1909
VG: Reichsgesetz über das Verlagsrecht vom 19. Juni 1901.

I. Der Werdegang des Films.

Der normale Werdegang eines stummen Spielfilms soll in großen Zügen dargestellt und den folgenden Betrachtungen zugrundegelegt werden; denn es ist für die Erkenntnis der Urheberschaft am Film und die Beurteilung der filmischen Urheberrechte wichtig, über die künstlerische Tätigkeit der an der Herstellung des Films mitarbeitenden Personen Klarheit zu erlangen.

Die im Film enthaltene Filmhandlung, die Filmfabel, kann einem Roman, Drama oder dergl. entnommen sein. Sie kann aber auch — und das ist der Regelfall — für den Film eigens erdacht sein. In diesem Fall wird der Erfinder der Fabel diese in einer sog. Filmnovelle skizzen- oder stichwortartig niederlegen, und er selbst oder ein anderer wird aus dieser Novelle das „Drehbuch", d. h. das kurbelfertige Manuskript, herstellen. Im Drehbuch [1]) ist — wenn auch in anderer Form als in der Filmnovelle — der Gang der Handlung (die Fabel) enthalten. Dieser Gang der Handlung ist aber in einer Fülle technischer und künstlerischer Regieanweisungen stark verkapselt. Das Drehbuch ist rein äußerlich eingeteilt in „Bilder", d. h. in eine große Anzahl einzelner Szenenbeschreibungen, welche — im Zusammenhang gelesen — das Geschehen vor dem geistigen Auge des Lesers abrollen. Wie erwähnt, enthalten die Bilder darüber hinaus — sofern das Drehbuch den Anspruch erhebt, kurbelfertig (drehreif!) zu sein — eingehende Anweisungen darüber, wie das Geschehen in das Filmbild umzusetzen ist. Eben zur Erleichterung dieser Umsetzung ist das Drehbuch in die einzelnen Szenenbilder aufgeteilt; jedes Bild wird späterhin für sich „gedreht". Je klarer das erstrebte Filmbild vor dem Auge des Dreh-

[1]) Vgl. die im Anhang abgedruckten Drehbücherauszüge.

buchautors steht, desto präziser wird dieses Bild im Drehbuch beschrieben sein. Das technisch gute Drehbuch berücksichtigt auch die Aufnahmetechnik und gibt nicht nur an, was geschieht und wie es geschieht, sondern auch, wie das Geschehen zu photographieren ist. Durch alle diese Anweisungen wird die Lektüre des Drehbuches für den, welcher aus ihm die Fabel kennen lernen will, unbequem. Sinn des Drehbuches ist es aber auch nicht, Lesebuch, sondern Kurbelbuch für die Filmung zu sein.

Das Drehbuch wird vom Hersteller des Filmbandes (dieser ist fast stets eine juristische Person in Form der Aktiengesellschaft oder Gesellschaft mit beschränkter Haftung) erworben (— Regelfall —), oder es wird auf seine Anregung hergestellt. Mitunter erwerben die Filmgesellschaften auch nur die Filmfabel in Gestalt der Filmnovelle und lassen durch ihre Dramaturgen [1]) das Drehbuch danach fertigen.

Sofern der Hersteller (die Filmproduktionsfirma) nach dem Drehbuch einen Film drehen lassen will (Filmung), engagiert er eigens zu diesem Zweck einen Regisseur oder beauftragt mit der Filmung einen bei ihm fest angestellten Regisseur. Dieser engagiert in der Regel namens der herstellenden Firma die Schauspieler, Filmarchitekten, Kostümhersteller und alle sonst zu den Aufnahmen benötigten Personen. Der Kameramann (Operateur, Photograph) steht in festem Angestelltenverhältnis zur Herstellerfirma oder wird gleichfalls vom Regisseur engagiert. In der Auswahl der Mitwirkenden, insbesondere der Schauspieler, hat der Regisseur in der Regel freie Hand, doch lassen sich allgemein gültige Grundsätze nicht aufstellen. Den Schauspielern und dem Kameramann wird das Drehbuch zum Studium und zur Orientierung gleichfalls in die Hand gegeben.

Dann beginnen die Aufnahmen, welche mit Rücksicht auf die künstlerische Tätigkeit des Regisseurs und der Schauspieler einer Betrachtung unterzogen werden müssen. Die einzelnen Bilder des Drehbuchs werden nicht in derselben Reihenfolge, wie sie das Drehbuch mit Rücksicht auf den Gang der Handlung darstellt, gekurbelt. Vielmehr werden aus organisatorischen (d. h. Ersparnis-)Gründen nacheinander diejenigen Szenen aufgenommen, für welche die gleichen Kulissen oder Vorrichtungen ver-

---

[1]) „Hausfilmdichter" nennt sie Alexander-Katz in GRuU 1929, S. 145.

wendet werden. Ebenso werden die Innen- und Außenaufnahmen in zeitlicher Trennung gefilmt. Die Aufnahme der Szenen geschieht grundsätzlich in engster Anlehnung an das Drehbuch, sofern dieses wirklich d r e h r e i f ist. Der Regisseur überwacht die künstlerische Wirkung der aufzunehmenden Szenen: die Kostümierung der Darsteller, ihre räumliche Stellung, ihre Gebärdensprache, die psychologische Wirkung der durch ihre Darstellung erfolgenden Gedankenwiedergabe. Er probt die Szene so oft, bis sie ihm aufnahmereif erscheint und sich als abgerundete künstlerische Leistung darstellt. Die Schauspieler sind hierbei seinen Anweisungen unterworfen, ihre Kunst erschöpft sich in der Nüancierungsfähigkeit, auf deren Grad es für die Qualität der schauspielerischen Leistung ankommt. Schon jetzt ist darauf hinzuweisen, daß der Regisseur durch die schriftlichen Anweisungen des Drehbuchautors in weitgehendem Maße dirigiert wird, sofern das Drehbuch aufs Peinlichste durchgearbeitet ist und der Regisseur sich daran hält. Das gute Drehbuch schafft seinem Autor fast die Stellung eines „Regisseurs des Regisseurs".

Stellt sich die Probeszene dem Regisseur als drehreif dar, so wird sie zu wiederholten Malen und in verschiedenen Einstellungen photographiert. Das äußere Bild einer Tonfilmaufnahme unterscheidet sich nicht wesentlich von dem der Stummfilmaufnahme.

Die belichteten Filmstreifen — die ersten Träger der aufgenommenen Szenen! — werden sodann zum Filmnegativ entwickelt und aus dem Negativ wird die Positivkopie hergestellt. Dann beginnt — nach Beendigung aller Aufnahmen — das Zusammensetzen der einzelnen Szenen-Filmstreifen zum vorführbaren Film. Diesen wichtigen Abschnitt im Filmherstellungsprozeß nennt man das „Schneiden" [1]) des Films, welches in der Regel vom Regisseur vorgenommen wird. Es handelt sich beim Schneiden darum, die am günstigsten ausgefallenen Filmstreifen zum fertigen Film zusammenzusetzen. Wie schon beschrieben wurde, werden alle Szenen mehrfach aufgenommen und aus diesen mehreren Bildstreifen wird dann eine Auswahl getroffen, um die darstellerische Spitzenleistung zu gewinnen. Es ist bekannt, daß von dem guten „Schneiden" der Erfolg des Films ab-

[1]) Die sogenannte „Film-Montage".

hängen kann. Auch eine vom Drehbuch abweichende Verbindung der Szenen kann die künstlerische Wirkung steigern. Wird sie vorgenommen, so fällt dieser Vorgang gleichfalls unter das Schneiden des Films.

II. Die Urhebergesetze des Films.

1. Der Film und das Kunstschutzgesetz.

Der belichtete Filmstreifen und das rein mechanisch ohne künstlerisches Schaffen aus diesem hergestellte Negativ und die nach diesem Negativ ebenfalls rein mechanisch hergestellten Positivkopien sind die Verkörperung der künstlerischen Filmarbeiten. Alle diese Bildstreifen sind eine Bilderfolge, in welcher eine dramatische Handlung enthalten ist, die durch den nur technischen Vorgang der Projektion der Positivkopien lebendig gemacht („vorgeführt") wird. Daß gerade die Filmung eine große künstlerische Leistung von Schauspielern, Regisseur und Kameramann erfordert, ist schon hervorgehoben worden.

Urheberschutz wird dem Filmwerk gewährt durch § 15 a des Gesetzes betr. das Urheberrecht an Werken der bildenden Kunst und der Photographie vom 9. Januar 1907 (Kunstschutzgesetz). § 15 a, welcher durch Gesetz vom 22. Mai 1910 dem Kunstschutzgesetz eingefügt worden ist, lautet:

„Ist ein im Wege der Kinematographie oder eines ihr ähnlichen Verfahrens hergestelltes Werk wegen der Anordnung des Bühnenvorganges oder der Verbindung der dargestellten Begebenheiten als eine eigentümliche Schöpfung anzusehen, so erstreckt sich das Urheberrecht auch auf die bildliche Wiedergabe der dargestellten Handlung in geänderter Gestaltung. Der Urheber hat die ausschließliche Befugnis, das Werk öffentlich vorzuführen."

Vergegenwärtigt man sich, daß der Film — wie schon hervorgehoben — äußerlich eine Folge photographischer Einzelbilder ist, so erscheint es zunächst nicht ohne weiteres befremdlich, daß man die Urheberschutzbestimmung des Films im Kunstschutzgesetz findet.[1]) Aber doch ist gerade darum die Aufnahme

[1]) Vgl. Marwitz-Möhring S. 31, welche den Schutz des Literaturschutzgesetzes grundsätzlich nicht eintreten lassen wollen, da der Film aus Werken der Photographie besteht.

dieser Norm im Kunstschutzgesetz befremdlich. Denn es bedarf keiner besonderen Betonung, daß auch ohne § 15 a die einzelnen Filmbildchen in ihrer Eigenschaft als Photographien vom Kunstschutzgesetz geschützt sein würden. Der Film benutzt die Photographie, erschöpft sich aber nicht in ihr; seine Handlung bedient sich nur des Photographiebildes als Ausdrucksmittels. Der Wortlaut des § 15 a weist auch gar nicht hin auf den Film als Photographie, sondern darauf, daß das kinematographische Werk u. U. „wegen der Anordnung des Bühnenvorganges oder der Verbindung der dargestellten Begebenheiten als eine eigentümliche Schöpfung anzusehen" sei. Der Begriff „eigentümliche Schöpfung" ist hier nicht der gleiche wie im § 13 des Literaturschutzgesetzes.

Aus dieser — ein wenig primitiv wirkenden — Fassung des Gesetzes erhellt, daß der Schutz sich („auch") auf etwas erstrekken soll, das dem Sinne nach seinen Schutz in diesem Gesetz eigentlich nicht zu suchen hat. (Vergl. § 1 KSchG!) Seinem Wesen nach ist der Film nicht ein Werk der bildenden Kunst. Das Wesen der bildenden Kunst ist die Darstellung eines Augenblicks, das Wesen des Spielfilms ist die Darstellung der Bewegung, der Fortlauf einer Handlung, nicht das Handlungslose oder der Augenblicksausschnitt aus einer Handlung. Nur das einzelne Filmbildchen ist unliterarisch. Es kommt beim Spielfilm nicht so sehr an auf den ästhetischen Genuß von Augenblicksbildern (anders etwa beim Landschaftskulturfilm), sondern wesentlich ist die Verbindung der Augenblicksbilder, um durch ihre Vielzahl einen gedanklichen Vorgang und Fortgang in Bewegungsform aufzuzeigen (vergl. Elster § 17). Man soll nicht das Bild um seinetwillen erleben, sondern man soll die bildlich ausgedrückte Gedankenfolge des Autors erleben. So ist zwar das einzelne Filmbild unliterarisch, nicht aber der Film. Betrachtet man die Einteilung der Werke der bildenden Kunst in graphische (Zeichnungen, Gemälde u. dergl.) und plastische (Bildhauerwerke), so ist ersichtlich, daß der Film unter Werke dieser Art nicht fällt und daß seine Einreihung in das Kunstschutzgesetz tatsächlich dem Geiste dieses Gesetzes nicht entspricht. § 15 a, dem Kunstschutzgesetz durch Reichsgesetz vom 22. 5. 1910 eingefügt, beruht auf der revidierten Berner Übereinkunft zum Schutze von Werken der Literatur und Kunst vom 13. 11. 1908.

In der Begründung der den § 15 a einfügenden Novelle wird ausgeführt, daß neben den Photographieschutz des Films sein Schutz als Werk der Literatur treten solle, und dazu, daß § 15 a sich nicht im Literaturschutzgesetz von 1901, sondern im Kunstschutzgesetz findet, wird bemerkt, daß seinem Inhalt nach der neue Schutz von der Beschaffenheit sei, wie ihn das Urheberrecht für Werke der Literatur gewähre (vergl. Marwitz-Möhring, S. 33). Die Erzeugnisse, für die er vorgesehen wird, sollen aber nicht unter das Literaturschutzgesetz fallen, und deshalb habe die neue Vorschrift ihren Platz im Kunstschutzgesetz zu finden.

Hierzu ist zu sagen, daß der Gesetzgeber irrt, wenn er meint, daß das „Erzeugnis" nicht unter das Literaturschutzgesetz fallen könne. Daß der Film tatsächlich dem Literaturschutzgesetz zu unterstellen ist, wird noch dargetan werden. Goldbaums Meinung (Urheberrecht, S. 22) [1]), daß § 15 a an falscher Stelle stehe, d. h. im falschen Gesetze, ist durchaus nicht so abwegig, wie Fagg (S. 26) meint. Aus der Stellung und der (wie schon gesagt, recht unglücklichen) Fassung des § 15 a KSchG allein kann man entgegen der Ansicht Faggs nicht herleiten, daß für die urheberrechtlichen Fragen des Films nur das Kunstschutzgesetz maßgebend sei und das Literaturschutzgesetz nicht herangezogen werden könne. Überdies erstreckt sich das Urheberrecht nach dem Wortlaut des § 15 a KSchG „auch" auf die bildliche Wiedergabe der Handlung. Hierin allein erschöpft sich also der Urheberschutz nicht. Für die Anwendbarkeit des literarischen Urheberschutzgesetzes sprechen bessere Gründe als für die des Kunstschutzgesetzes. Dies wird noch erörtert werden.

Zuvor mag aber betont werden, daß Faggs Ansicht (S. 8), der Film sei ein ganz neues Ausdrucksmittel, durchaus richtig ist. Mit diesem neuen Ausdrucksmittel haben die Urhebergesetzgeber seinerzeit noch nicht gerechnet und sie haben ihm späterhin durch die dürftige Novelleneinflickung in keiner Weise genügend Rechnung getragen. Der Gesetzgeber hätte sogar gut getan, auf die den Film betreffenden Novellen lieber zu verzichten und die Einreihung der Filmwerke in die Urhebergesetze der Wissenschaft und Rechtsprechung zu überlassen. Eine torsohafte gesetzliche Regelung ist schlimmer als gar keine. Durch die un-

---

[1]) Auch von Elster anerkannt in Ufita 1929, S. 268, Anm. 11.

geahnt schnelle Entwicklung des Films in technischer, künstlerischer und wirtschaftlicher Hinsicht sind Wissenschaft und Rechtsprechung vor eine Fülle schwieriger und brennender Rechtsfragen gestellt worden, welche noch heute einer allgemein befriedigenden Lösung harren. Eine freirechtliche Behandlung des filmischen Urheberrechts geht in der Praxis nicht an und man muß darum — sei es auch unter weitgehender Verwertung der Analogie — den Film nach den Grundsätzen desjenigen Gesetzes behandeln, welches dem Sinne nach auf ihn noch am ehesten paßt. Das Kunstschutzgesetz jedenfalls paßt dem Sinne nach nicht auf den Film. § 15 a ist ein Fremdkörper. Wenn auch der Gesetzgeber seinerzeit anderer Meinung gewesen ist, so hat die Rechtswissenschaft inzwischen seine Meinung widerlegt und einer Einbeziehung des § 15 a KSchG in die Grundsätze des Literaturschutzgesetzes steht nichts im Wege. Eine Förmlichkeit — wie die Stellung des § 15 a — darf nicht so ausschlaggebend sein, daß man ihretwegen dem Urheberrecht des Films Gewalt antun und seinen urheberrechtlichen Schutz über die Gebühr beschränken darf. Faggs Ansicht wird freilich verständlicher, wenn man berücksichtigt, daß er im Filmband nicht nur eine bloße Umsetzung des Drehbuchs als Schriftwerk sieht. Selbst wenn der Film aber etwas vom Drehbuch als dem gemeinhin ersten Niederschlag der Handlung grundsätzlich Verschiedenes wäre, so wäre er doch eben auch als ganz selbständiges Werk ebenfalls Träger dramatischen Geschehens.

2. Der Film und das Literaturschutzgesetz.

Wenn der Film nun nicht Werk der bildenden Künste oder der Photographie ist, so muß er ein Werk im Sinne des Literaturschutzgesetzes sein, sofern man ihm überhaupt den Charakter als Urheberwerk zuspricht. Als Urheberwerk muß man ihn ansehen, weil § 15 a KSchG ihm als solchem Schutz gewährt. Sofern der Filmurheber — die Prüfung der Frage, wer das ist, ist Gegenstand des folgenden Kapitels — nach Maßgabe des Literaturschutzgesetzes in seinen Rechten geschützt sein soll, muß der Film unter die in § 1 dieses Gesetzes genannten Werke gebracht werden. Denn nur die Urheber der dort genannten Werke finden Schutz „nach Maßgabe dieses Gesetzes“. Vorweg ist zu bemerken, daß expressis verbis ein Schutz des Filmwerkes im Literaturschutzgesetz keine Erwähnung findet. Soweit filmische Fragen überhaupt berührt werden (§ 12 Z. 6 z. B.) betreffen sie den Schutz von Werken gegen Wiedergabe durch den Film. Es darf aber wiederum nicht vergessen werden, daß das Literaturschutzgesetz aus einer Zeit stammt, in welcher Filmfragen eine rechtliche Regelung noch nicht erforderten. Schon aus diesem Grunde muß man sich hüten, zu sehr am Buchstäblichen eines Gesetzesausdruckes zu hängen. Daß das Drehbuch allen Erfordernissen des Schriftwerkbegriffs entspricht, steht außer jedem Zweifel.

§ 1 LUG schützt die Urheber von Schriftwerken. Fällt der Film unter den Begriff des Schriftwerkes oder hält man die entsprechende Anwendung der Schriftwerknormen auf den Film für angängig, so sind die Filmurheberrechtsfragen nach dem Literaturschutzgesetz zu beurteilen. Andernfalls sind sie es nicht, denn unter die anderen im Paragraph genannten Werke ist der Film nicht zu bringen, auch nicht unter das pantomimische Werk. Der Mangel des Wortes beim Film war bis zur Erfindung des Tonfilms ein unfreiwilliger.

Es mag darauf hingewiesen werden, daß diejenigen, welche im Film kein Schriftwerk sehen und die analoge Anwendung von Schriftwerknormen für unstatthaft erklären, andrerseits aber das Filmnegativ als grundverschieden vom zugrundeliegenden Drehbuchschriftwerk ansehen, zu dem unmöglichen Ergebnis kommen müßten, daß der Filmautor urheberrechtlich nicht geschützt wäre gegen die Darstellung seines Films in Gestalt eines Romans, mag sich dieser auch noch so eng an den Film anlehnen [1]). Es bliebe höchstens der wettbewerbliche Schutz. Schon dieses Ergebnis zeigt, daß der Filmurheber Schriftwerkschutz zu beanspruchen haben wird.

Der Film als eigentümliche Schöpfung im Sinne des § 15 a KSchG, als Gedankenträger und Träger einer recht präzisen Gestaltung dieser Gedanken in dramatischen Konflikten, muß als literarisches Werk angesprochen werden [2]). In diesem Worte

---

[1]) Vgl. Allfeld, S. 32, welcher zu diesem Ergebnis kommt, aber Schutz gegen Drehbuchentlehnung zubilligt.

[2]) Vgl. auch Art. 14, Abs. II, der Rev. Berner Übereinkunft.

steckt schon das Wort „Schrift" und es wäre in der Tat engherzig, wenn man sich an der bisher ungekannten Art der Gedankenfixierung (ist doch der Film ein gänzlich neues Ausdrucksmittel!) stoßen wollte und wegen des technisch Ungewohnten dem Sinn des Gesetzes Gewalt antun wollte. Vergl. RGZ 123/314: „Die Wahl der Gesetzesworte wurde durch gewohnte Vorstellungen damals bekannter Mittel beeinflußt, deren man sich bediente, um Worte des Schrifttums etc. anderen mitzuteilen, d. h. sinnlich wahrnehmbar zu machen." „Die Wissenschaft, auch die wissenschaftliche Jurisprudenz, hält sich nicht an die Äußerlichkeiten, sondern sie sucht das Wesen der Dinge zu ergründen" (RGZ. 27/65). Dem Kammergericht (JW. 1922, S. 1457) ist nicht beizupflichten, wenn es im Film darum eine Vervielfältigung des Manuskriptes nicht glaubt erblicken zu können, weil die Sprache durch Bilder ersetzt werde. Auch das Reichsgericht (RGZ. 107/62) vermeidet für den Film die Bezeichnung „Schriftwerk" und spricht nur von einem „Bildwerk eigener Art". Der Film ist aber eher als Schriftwerk anzusehen als die Grammophonplatte und diese wird als Schriftwerk angesehen (vgl. Goldbaum, S. 23). Schrift ist eben nicht nur Buchstabenschrift. Die herrschende Meinung sieht im Film ein Schriftwerk [1]).

Allein die Tatsache, daß im Film die körperliche Fixierung einer dramatischen Handlung zu erblicken ist, dürfte genügen, um ihm den Schriftwerkcharakter zu verleihen oder ihn wenigstens einem Schriftwerke gleich zu behandeln. Daß im Film Schrift in Gestalt von Titeln vorhanden ist, kann nicht ausschlaggebend sein; diese Titel spielen in der Regel eine ganz nebensächliche Rolle. Man hat auch titellose Filme hergestellt und im Tonfilm kommt man überhaupt ohne Titel aus.

Zusammenfassend ist zu sagen, daß der Film (das Negativ und die Kopien) seinem Wesen nach, und daß § 15a KSchG seinem Sinne nach in das Literaturschutzgesetz gehören, und

---

[1]) Vgl. z. B. Eckstein, 37, Elster, S. 94, Fuld, Kunstschutzgesetz § 15a, Goldbaum, Urheberrecht, S. 22 und Friedemann in der umfassenden, alle auch in dieser Abhandlung behandelten Fragen betreffenden Darstellung: „Grundfragen des Filmrechts" in Ufita 1928/530.

A. M. z. B. Allfeld S. 31, Fagg S. 12, Marwitz-Möhring S. 16.

daß für autorrechtliche Fragen, mit welchen dieses Buch sich zu beschäftigen hat, dieses Gesetz die Grundlage bilden muß. Treu und Glauben werden bei Beurteilung dieser Fragen eine besondere Rolle spielen, denn der Gesetzgeber hat dem neuen Ausdrucksmittel „Film" durch erschöpfende Spezialregelung noch nicht das gebührende Interesse entgegengebracht, obwohl er eine Spezialregelung für nötig hielt.

Noch ein drittes Urhebergesetz hat man bei Betrachtung autorrechtlicher Filmfragen herangezogen: das Verlagsgesetz. Über seine Anwendbarkeit oder Nichtanwendbarkeit wird an späterer Stelle zu sprechen sein.

III. Drehbuchautor und Filmautor.

Um die Rechtsstellung des Drehbuchautors würdigen zu können, bedarf es der Prüfung der Frage, wer im gesetzlichen Sinne Urheber des Filmwerks ist. Diese Frage ist seit langer Zeit Gegenstand stärkster Meinungsverschiedenheiten. Wenn § 2 LUG. als Urheber eines Werkes dessen Verfasser bezeichnet, so wird nur das Wort „Urheber" durch ein anderes Wort ersetzt. ohne daß dieses den Inhalt des ersten voll erklärt. Den Betrachtungen soll als Normalfall der folgende zugrunde gelegt werden: Der Drehbuchautor ist selbst der Erfinder der im Drehbuch enthaltenen Fabel und verfaßt vollkommen selbständig das absolut drehreife Buch. Von ihm erwirbt die Produktionsfirma (von welcher er also nicht „angestellt" ist) das Drehbuch und läßt danach von den zu diesem Zwecke notwendigen Personen (Regisseur, Schauspieler, Photograph, Aufnahmeleiter, Architekt usw.) den Film herstellen. Wichtige Abweichungen von diesem, als Normalfall unterstellten Tatbestand werden einer besonderen rechtlichen Würdigung unterzogen werden. Es gilt zunächst, die gesetzesurheberrechtlichen Fragen zu beantworten; in der Praxis spielt naturgemäß das filmische Urhebervertragsrecht die größere Rolle.

Bevor die verschiedenen Ansichten über die Urheberschaft und das durch sie bedingte Urheberrecht am Film erörtert werden, wird mit aller Schärfe auf die eigentlich selbstverständliche und auch nicht bestrittene Tatsache, welche aber bei Betrachtung der Urheberschaft so oft aus den Augen verloren wird, hingewiesen; auf die Tatsache nämlich, daß künstlerisches Arbeiten nicht identisch zu sein braucht mit künstlerisch-urheberischem Schöpfen. Wohl ist jede künstlerische Schöpfung das Produkt künstlerischer Arbeit. Nicht aber erreicht jede künstlerische Arbeit schöpferische Stärke.

Überblickt man die über die Urheberschaft am Film bestehenden Meinungen, so findet man im wesentlichen die folgenden vertreten:

1. Der Film ist eine künstlerische Gemeinschaftsschöpfung (Fagg.).

2. Filmschöpfer ist der Regisseur (Dienstag).

3. Filmschöpfer ist der Unternehmer (als herrschend bezeichnete und vornehmlich von Goldbaum und Eckstein entwickelte Lehre).

4. Der Drehbuchautor ist auch der Filmautor. (Hier vertretene, im wesentlichen von Elster entwickelte und ausgebaute Lehre.)

1. Die Lehre vom Film als künstlerischer Gemeinschaftsschöpfung.

Fagg (S. 13) ist der Ansicht, daß auch das vollkommen drehreife Manuskript noch nicht das formvollendete Kunstwerk, sondern nur eine Vorform, ein Plan für das endliche Werk sei. Hieraus schon muß sich für ihn die Folgerung ergeben, daß der Urheber des Drehbuchs nicht auch alleiniger Urheber des Filmbandes sein kann, obwohl Fagg zugibt, daß es völlig drehreife Bücher gibt, welche also für die Filmung weder einer Ergänzung noch einer Abänderung bedürfen. Er spricht der Schaffung des Drehbuches eine autorschaftliche Bedeutung nicht ab, bestreitet aber, daß es ein Kunstwerk im Sinne einer vollendeten Schöpfung darstellen und begründet dieses u. a. damit, daß ein Kunstwerk aus sich heraus als Werk, d. h. als ein in Form gebrachtes Erzeugnis menschlichen Schaffens und zugleich durch diese Form auf jeden zu wirken vermöge, der überhaupt für künstlerische Dinge dieser Art Empfindungsmöglichkeiten habe. Eine solche Wirkungsmöglichkeit soll aber dem Drehbuch nicht eigen sein, da die Wirkung erst durch das erzeugt werden soll, was aus dem Geschriebenen wird, nachdem dieses in eine völlig andersartige Gestalt gegossen ist. Diese Form habe zwar der Autor genauestens beschrieben, aber nicht geschrieben. Zur Unterstützung seiner Ansicht, daß dem Drehbuchautor das schöpferische Primat am Film nicht zukomme, weist Fagg auf die Filmankündigungen hin, welche den Drehbuchautor so gut wie nie an erster Stelle nennen. Auch hierin soll sich zeigen, „wie wenig die Ansicht, daß das Manuskript das einzig schöpferisch Wesentliche am Film sei, mit den tatsächlichen Verhältnissen und den allgemeinen Anschauungen vereinbar ist." Ein Indiz für schöpferische Leistungen ist nach Faggs Standpunkt die „Anziehungskraft", die ein Filmkünstler auf das Filmpublikum ausübt. So gelangt Fagg — und dieser sein Standpunkt stützt seine Meinung vom unliterarischen Charakter des Filmwerks und von der Unanwendbarkeit des Literaturschutzgesetzes in gewissem Grade — zum Resultat, „daß mit der Schaffung des Manuskripts [1]) das Kunstwerk „Film" noch nicht vollendet ist, daß vielmehr als zweite Komponente künstlerischen Schaffens die Herstellung des Filmbandes hinzutritt" (Fagg, S. 16).

Diese zweite Komponente unterzieht Fagg sodann der urheberrechtlichen Würdigung und gelangt zum Ergebnis, daß sowohl der Regisseur wie die Schauspieler und der Kameramann Filmschöpfer seien.

Die Tätigkeit des Regisseurs sei zunächst keineswegs eine lediglich mechanische. Zum Beweise dafür führt er an, daß das wirksamste Manuskript zum Mißerfolg verurteilt sei, wenn die Regie es nicht herausbringe. Die Tätigkeit des Regisseurs bestehe nicht darin, das Manuskript lediglich „abzuphotographieren", er sei vielmehr erst der wahre Schöpfer der künstlerischen Gesamtwirkung und hierbei spiele der Schnitt des Films eine große Rolle.

Auch die Schauspieler bezeichnet Fagg als Mitgestalter, Mitschöpfer des Films und meint, daß die Verhältnisse hier ganz anders lägen als beim Theater. Der Filmschauspieler zeichne bewußt seine Geste in den Film und schaffe mit dieser Geste bewußt das Bild, das im Negativ und später auf der Leinwand

[1]) Auch des vollkommen drehreifen! (D. Verf.)

erscheine. Auch diese Tätigkeit sei keine rein mechanische, sondern höchste künstlerische Gestaltung.

Schließlich sei auch der Kameramann teilhaftig an der künstlerisch-schöpferischen Seite der Filmherstellung.

Aus alledem — was hier natürlich nur in gröbsten Umrissen angedeutet werden konnte und die Lektüre der Faggschen Broschüre nicht entbehrlich macht — ergibt sich für Fagg, daß der Film eine künstlerische Gemeinschaftsschöpfung einer Mehrzahl von Personen ist. Aus dieser urheberrechtlichen Untersuchung zieht Fagg die rechtlichen Konsequenzen. Besonders tritt er für die alleinige Anwendung des Kunstschutzgesetzes ein.

Die sehr interessanten Ausführungen Faggs geben Anlaß, auf Grundsätzliches hinzuweisen. Es darf dabei nicht außer Acht gelassen werden, daß Fagg den literarischen Charakter des Films leugnet. Auch für denjenigen aber, der den Film einem Schriftwerk gleich behandelt, ist die Frage nach einem schöpferischen Wirken von Regisseur, Schauspieler und Kameramann nicht müßig. Denn auch ein Schriftwerk kann das Produkt einer Gemeinschaftsschöpfung sein.

Den Beweis für die Behauptung, daß das Drehbuch als solches kein vollendetes Kunstwerk sein könne, hat Fagg nicht erbracht. Seine Auffassung kommt im Ergebnis eigentlich darauf hinaus, daß das Drehbuch nicht sehr viel mehr ist, als eine Anregung für den Regisseur[1]). Das wirklich drehreife Manuskript ist aber doch im wesentlichen der Film in Buchstabenform. Die Frage der Drehreife anzuschneiden, ist gar nicht nebensächlich, denn zwischen Drehbuch und Drehbuch ist ein großer Unterschied. Es werden gewiß viele Filme nach Drehbüchern gedreht, die nicht als vollkommen kurbelfertig bezeichnet werden können und in solchen Fällen wird der Regisseur in solchem Umfang schöpferisch tätig werden müssen, daß man ihm mit gutem Recht die Miturheberschaft zubilligen kann. Hier wird aber davon ausgegangen, daß der Autor ein vollkommen drehreifes Buch geschaffen hat, und daß der Regisseur in völliger Anleh-

---

[1]) So Lion in LZ 1925 S. 203, der ganz abwegig die Filmfabel ganz allgemein als Fabel von „äußerster Banalität und Dürftigkeit“, das Manuskript als dünnen Faden bezeichnet und den Autor gegenüber dem Regisseur eine „nebensächliche Rolle“ spielen läßt. Lion verkennt den Begriff der Drehreife.

nung an das Buch das darin genau Beschriebene in Filmform umsetzt. Es ist schon betont worden, daß das Drehbuch nicht ein Lesebuch ist, sondern daß es für die „zweite Komponente", — um mit Fagg zu reden — der Filmherstellung, nämlich die Filmung, geschrieben worden ist. — Nicht das Drehbuch in Buchstabenform wird dem Publikum dargeboten, sondern die Projektion der Filmkopie. Die Tatsache, daß das Drehbuch seinem Wesen nach nicht zur Lektüre des Publikums geschrieben ist, sondern daß sein Wert darin liegt, in einen Film umgesetzt zu werden, reicht nicht hin, ihm den Charakter als in sich fertiges Kunstwerk abzusprechen. Man kann das höchstens tun bei nicht völlig drehreifen Büchern. Es gibt auch andere Werke, welche in der Form, die ihnen der Verfasser gegeben hat, nicht genossen werden. Elster bringt in diesem Zusammenhang das sehr treffende Beispiel einer Opernpartitur [1]). Sie ist unzweifelhaft ein Kunstwerk und doch fehlt ihr das, was Fagg als wesentlich ansieht bei einem Kunstwerk, nämlich, daß sie durch die Form, welche sie hat, auf jeden künstlerisch Empfindenden zu wirken vermag. Sie wirkt doch nicht durch ihre Notenzeichen, sondern durch die Umsetzung dieser Notenzeichen in Musik, von welcher auch derjenige den größten Genuß haben kann, der Noten nicht zu lesen versteht. Entsprechendes gilt von fast allen Theaterstücken, welche nur dadurch von Wert sind, daß sie aufgeführt werden können. Gerade in den letzten Jahren ist — leider mit vollem Recht — immer wieder darüber geklagt worden, daß die Dramen der meisten Gegenwartsautoren so schwach sind, daß sie eigentlich nur der guten Regie und der guten Darstellung ihre ohnehin geringe Bühnenfähigkeit verdanken. Diese Art von Theaterstücken ist in der Schriftform dem Publikum zumeist gar nicht zugänglich und würde auch nicht gelesen werden, weil die Lektüre ein sehr mäßiger Genuß sein dürfte. Gleichwohl spricht die völlig herrschende Lehre dem Autor solcher Stücke alleiniges Urheberrecht nicht ab, und die Zahl der Stimmen, welche dem Bühnenregisseur und den Bühnenschauspielern ein Urheberrecht an der Aufführung gewähren wollen, ist verschwindend. Auch beim Drehbuch liegt es nicht anders. Es ist

[1]) Vgl. GRuU 1929 S. 377 und die ungemein inhaltsreiche und geistvolle Abhandlung Elsters „Formgebung und Ausdrucksmittel in ihrer Bedeutung für das Recht des Urhebers" in Ufita 1929 S. 595 f.

zur Lektüre nicht bestimmt und wird gewöhnlich auch nicht zu diesem Zweck gedruckt. Dem Leser, welcher den Gang der Handlung, das dramatische Geschehen, sucht, ist dieser durch die reichen Regieanweisungen so stark verkapselt, daß die Lektüre unbequem wird. Ist das Drehbuch z. B. nach einer Romanhandlung geschrieben, so kommt gerade in diesen Regieanweisungen so recht zum Ausdruck, daß die Tätigkeit des Drehbuchautors eine schöpferisch-formgebende Bearbeitertätigkeit ist. Dem Filmfachmann bereitet das Lesen eines Drehbuches keine Schwierigkeiten und das Drehbuch des Tonfilms „Melodie des Herzens" z. B., dessen Verfasser einer unserer besten Filmautoren ist, ist so durchgearbeitet, daß auch dem Laien die Lektüre ein Genuß ist. Seine Phantasie wird durch die Art der Schilderung so geleitet, daß er das Geschehen vor seinem geistigen Auge plastisch abrollen sieht. Übrigens wird es demjenigen, welcher den Film „Melodie des Herzens" gesehen und das zugehörige Manuskript gelesen hat, sehr klar, daß der Regisseur — einer der führenden deutschen Regisseure — diesen Film in allerengster Anlehnung an das Drehbuch gekurbelt, ja, daß er mit großem künstlerischen Feingefühl eigentlich nur die Buchstabenform des Drehbuches in die Bildform des Films umgesetzt hat. Das Filmwerk ist aus der individuellen geistigen Tätigkeit des Drehbuchautors hervorgegangen. (Vgl. RGST 15/406.)

Ebenso wenig wie die Aufführung die einzige Form ist, das Theaterdrama des Dramenautors zu genießen, ebenso wenig ist die Vorführung die einzige Form, das Werk des Drehbuchautors zu genießen. Wenn auch zugegeben wird, daß die Lektüre des Theatermanuskripts einfacher ist und häufiger praktisch wird, so kann doch nicht zugestanden werden, daß in dieser Äußerlichkeit ein Kriterium für den Begriff des „vollendeten Kunstwerks" liegen soll.

Eine andere Frage ist die, ob in der Leistung von Regisseur, Schauspieler und Kameramann eine künstlerische Schöpfung zu erblicken ist. Ist dies der Fall, so ist der Drehbuchautor nicht der alleinige Urheber des Filmbandes, und alleiniger Autor eines Kunstwerkes ist der Drehbuchautor dann höchstens bezüglich des Drehbuches selbst, nicht auch des Filmbandes. Goldbaum (Urheberrecht S. 44) sagt, daß ohne weiteres ein Urheberrecht von Regisseur und Schauspieler zu verneinen sei. So „ohne weiteres“ ist das allerdings nicht zu verneinen. Anfangs ist darauf hingewiesen worden, daß der Unterschied zwischen künstlerischer Arbeit und künstlerischem Schöpfen zu beachten sei. Leistet der Regisseur schöpferische Tätigkeit? Der Begriff „schöpferische Tätigkeit“ droht zu verwässern. Zutreffend sagt Elster (GRuU 29/377): „Wenn ein Geisteswerk zu seiner endgültigen Wiedergabe der Mitwirkung verschiedener Kräfte bedarf, um zu seinem gewollten Ausdruck zu gelangen, so ist das lediglich eine Frage des Ausdrucksmittels und nicht eine Frage der Schöpfung.“ Hierdurch wird wenigstens so viel festgestellt, daß dem Regisseur, der dem drehreifen Buch entsprechend arbeitet, wenn überhaupt ein Urheberrecht, so höchstens das eines abhängigen Urhebers, eines Nachschaffenden, zukommt. Als Miturheber käme er jedenfalls nicht in Betracht — Drehreife vorausgesetzt! —. Anderer Ansicht ist das Reichsgericht (RGZ 107/62). Es erklärt den Filmstreifen als Gemeinschaftsarbeit von Regisseur und Autor. Die Ausführungen sind verständlich, wenn dem Film ein nicht völlig drehreifes Buch zugrunde liegt oder wenn der Regisseur von dem Buch bewußt abweicht. Es hat den Anschein, als lege das Reichsgericht seinen Betrachtungen die Meinung zugrunde, daß es völlig drehreife Bücher nicht gäbe, denn die Drehbücher seien „immer noch in gewissem Sinne unfertig“.

Ob dem Regisseur wenigstens die Rolle eines Bearbeiters zukommt, soll an dieser Stelle, welche sich mit Faggs Ansicht über die schöpferische Natur der künstlerischen Leistungen des Regisseurs befaßt, nicht entschieden werden; der Begriff der Bearbeitung gehört in das literarische Urheberrecht, dessen Anwendung auf den Film Fagg ablehnt. So viel ist indes zu sagen, daß das drehreife Buch dem Regisseur so präzise Anweisungen für die Filmung gibt, daß dessen künstlerische Arbeit wesentlich nur in seiner Nüancierungsfähigkeit, in der Herausarbeitung künstlerischer Feinheiten, in der Erkenntnis der Bildwirksamkeit zu bestehen braucht. Natürlich kann keine Rede davon sein, daß die Tätigkeit des Regisseurs lediglich darin bestehe, das Manuskript „abzuphotographieren“. Der Regisseur hat eine erhebliche künstlerische Leistung zu vollbringen. Der Erfolg des Films hängt in sehr hohem Maße von seinem künstlerischen Fingerspitzengefühl ab. Diese Erkenntnis zwingt aber noch nicht zu dem Schluß, daß er darum Urheber im Sinne des Gesetzes sein müsse, denn nicht jede künstlerische Leistung ist wahre Schöpfung.

Die künstlerische Tätigkeit des Filmregisseurs unterscheidet sich von der des Bühnenregisseurs überhaupt nicht so grundlegend wie im allgemeinen angenommen wird. Dem Bühnenregisseur wird ein Urheberrecht nicht zuerkannt (a. M. Koch), obwohl er durch Regieanweisungen weniger in seiner künstlerischen Arbeit gebunden ist als der Filmregisseur, welcher nach einem absolut drehreifen Kurbelbuch einen Film dreht. Die Dramenaufführung ist ein Zum-Ausdruckbringen des Dramenbuches. Nicht anders ist grundsätzlich die Vorführung des Films ein Zum-Ausdruckbringen des Drehbuches. Da auf die Herstellung der vorgeführten Kopie und ihre Projektion — beides ganz und gar technische Vorgänge — urheberrechtlich kein entscheidendes Gewicht zu legen ist (obwohl häufig durch das lange Verweilen bei diesen nur technischen Dingen unnötigerweise Verwirrung in die rechtliche Beurteilung der Filmurheberschaft hineingetragen wird), bleibt das Negativ als erster Träger des mittels künstlerischer Arbeit in Filmform umgesetzten Drehbuches übrig. Die während der Filmung geleistete und im Negativ verkörperte künstlerische Leistung entspricht der künstlerischen Leistung, welche durch Aufführung des Bühnendramas in Erscheinung tritt. Die künstlerische Arbeit bei Filmung und Aufführung dient dabei nur zur Wiedergabe der Handlung des Dramen- bezw. Drehbuches in der in diesen Büchern angegebenen Gestaltung.

Aus diesen Erwägungen ergibt sich, daß der Regisseur des Films grundsätzlich ebenso wenig selbständiger Schöpfer ist, wie es der Bühnenregisseur nach h. M. ist. Sein Regisseur ist der Autor! Die Tätigkeit des Schneidens ist gleichfalls unschöpferischer Art.

Kann man schon den Regisseur regelmäßig nicht als Miturheber des Films bezeichnen, so gilt dasselbe erst recht für den Filmschauspieler. Er ist nicht nur abhängig vom Manuskript, sondern auch noch vom Regisseur. Wenn es gleichwohl beim Film — nicht anders beim Theater — sehr oft vorkommt, daß dieser in vorderster Linie getragen wird von der künstlerischen Leistung des Schauspielers, so braucht diese Leistung in urheberrechtlichem Sinne darum noch nicht schöpferisch zu sein. Der Künstler „produziert sich“, nicht das Werk (so Elster in GRuU 1928 S. 36). Auch beim Schauspieler kommt es — ähnlich wie beim Regisseur — auf das künstlerische Fingerspitzengefühl, die künstlerische Nuancierungsfähigkeit an. Der Inhalt seiner Leistung besteht darum doch nur in einer Wiedergabe. Zwischen Ausdrucksmittel und Schöpfung ist scharf zu unterscheiden; de lege ferenda mag ein Urheberschutz des wiedergebenden Künstlers erwogen werden, de lege lata besteht er weder für den in der Regel unselbständigen Regisseur noch für den immer unselbstsändigen Schauspieler [1]). Die unglückliche Ausnahmeregelung in § 2, Abs. 2 LUG kann an dem hier hervorgehobenen Grundsatz nichts ändern. Faggs Hinweis darauf, daß der Schauspieler seine Geste bewußt in den Film zeichnet, vermag die hier vertretene Ansicht von der unschöpferischen Leistung des Filmschauspielers nicht zu entkräften. Es ist nicht einzusehen, daß dem Filmschauspieler darum gegenüber dem Bühnenschauspieler eher die Urheberschaft zugesprochen werden dürfte, weil seine Leistung photographisch festgehalten wird. Aus diesem Grunde wird seine künstlerische Leistung unmöglich höher bewertet werden können.

Daß dem Kameramann eine Urheberschaft am Film als Verkörperung dramatischen Geschehens zuzugestehen ist, muß mit aller Entschiedenheit bestritten werden. Seine Leistung ist womöglich noch abhängiger, in jedem Falle mehr mechanisch, als die des Regisseurs und des Schauspielers, und auch sie erschöpft sich erst recht in der Nuancierungskunst. Da der Film sich indes aus einer Summe von Einzelphotographien zusammensetzt, so ist der Kameramann selbstverständlich als Photograph nach dem Kunstschutzgesetz hinsichtlich dieser Photographien geschützt. Verkannt werden darf hierbei nicht, daß der Film als Handlungsträger von den Einzelbildern, aus denen er sich zusammensetzt, zu unterscheiden ist. Im Übrigen kann von der Behandlung von Einzelfragen (z. B. bezüglich der Divergenz zwischen Schutzdauer für den Film und für das Einzelbild) abgesehen werden, da sie nicht zum Thema gehören.

---

[1]) Gegen das Urheberrecht des Schauspielers auch Dienstag S. 140.

Nun noch ein Wort zu den Bemerkungen F a g g s über die Bedeutung der Filmreklame als Indiz für die urheberschaftliche Bewertung der künstlerischen Leistung der an der Filmherstellung beteiligten Personen. F a g g ist durchaus beizupflichten, wenn er betont, daß dem Publikum (aus geschäftlichen Gründen!) bei der Filmankündigung diejenigen Dinge möglichst deutlich angezeigt werden, welche die größte Anziehungskraft versprechen. Ein auch nur flüchtiger Blick in die Filmreklame belehrt, daß in erster Linie der im Film die Hauptrolle spielende Star (— Bezeichnung wie: „Liedtkefilm", „Pat und Patachon-Film" verdeutlichen das —), in zweiter Linie das behandelte Thema („Revolte im Erziehungshaus", „Im Westen nichts Neues") die größte Anziehungskraft versprechen. Mag es auch sein, daß das Publikum (das sich aber in der Regel gar keine Gedanken hierüber machen wird), als Gestalter und Schöpfer des Films die Darsteller ansieht — hieraus rechtliche Folgerungen zu ziehen, ist verfehlt. Bei dieser Art zu folgern, fiele der Drehbuchautor vollkommen ab; der von ihm zu erwartenden Leistung bringt das Publikum nicht das mindeste Interesse entgegen, es sei denn, daß er durch einen möglichst anreißerischen Titel („Sündig und süß") oder durch die Aktualität des Themas („Feme") in der Ankündigung bereits wirkt. Das Publikum hat an der P e r s o n des Filmstars oft ein größeres Interesse als an seiner Leistung. Die Namen der Drehbuchautoren sind dem Publikum regelmäßig gleichgültig. Von ganz verschwindenden Ausnahmen abgesehen, ist auch der Name der Regisseure dem Publikum sehr nebensächlich und nur ganz wenig Regisseure (Joe May, Fritz Lang z. B.) werden durch besonders laute Reklame dem Publikum nahe gebracht. Aus dieser allgemein bekannten Tatsache müßte F a g g doch den Schluß ziehen, daß gerade dem Star des Films der urheberrechtliche Löwenanteil gebühre. Diesen Schluß kann er aber nicht ziehen, weil er in seine Theorie nicht hineinpassen würde. Die Anziehungskraft eines Stars liegt eben durchaus nicht immer in seiner künstlerischen Gestaltungsfähigkeit begründet. So wirkt z. B. der derzeit berühmteste internationale Star — Greta Garbo — durch ihre faszinierende Erscheinung mehr als durch darstellerisches Können.

Es ist darum als verfehlt zu bezeichnen, wenn man aus den Wünschen und dem Geschmack des Publikums urheberrechtliche

Folgen ziehen wollte. Reklame ist eine geschäftliche Angelegenheit und spielt darüber hinaus höchstens in persönlichkeitsrechtlicher Beziehung eine Rolle.

Ein Fall künstlerischer Gemeinschaftsfilmschöpfung ist denkbar: wenn die Hersteller des Films bei allen Teilen des Herstellungsvorganges gemeinschaftlich arbeiten. Dieser Fall — eine absolute Ausnahme — mag zuweilen bei der Filmschaffung durch die neuerdings in Erscheinung tretenden Filmstudios praktisch werden, wobei aus rein künstlerischen und idealen Gründen unter Zurückstellung geschäftlicher Motive am Film künstlerisch interessierte Personen aufs engste zusammenwirken.

Zusammenfassend ist zu sagen, daß die Idee der künstlerischen Gemeinschaftsschöpfung auf den Film nicht zutrifft, da wenigstens die Schauspieler und Photographen nicht urheberschaftlich tätig sind. Über den Regisseur wird noch weiteres zu sagen sein.

2. Die Lehre von der alleinigen Urheberschaft des Regisseurs.

Dienstag („Der Arbeitsvertrag des Filmschauspielers und Filmregisseurs" S. 139) läßt zwar ein Urheberrecht des Filmschauspielers nicht bestehen, setzt sich dafür aber — entgegen Goldbaum — für das alleinige Urheberrecht des Regisseurs am Film ein, welchem er den Charakter eines ganz neuen Geistesproduktes verleiht. Er vergleicht den Filmregisseur mit dem Bühnenregisseur und bezeichnet die Tätigkeit des letzteren als eine nur nachschaffende, die nur das Umsetzen des geschriebenen Wortes in das gesprochene zum Gegenstand habe, wohingegen der Filmregisseur eine neuschaffende [1]) künstlerische Tätigkeit ausübe, welche nicht einmal nur eine — ein Urheberrecht begründende (d. Verf.) — Bearbeitung des Drehbuchs sei, sondern eben die Neuschaffung einer Kunstform.

Das Hauptsächliche zu diesen Ansichten Dienstags ist soeben schon gelegentlich der Betrachtung des Films als Gemeinschaftsschöpfung gesagt worden. Auch Dienstag (ebenso wie das Reichsgericht in Bd. 107/62 f.) zieht nicht scharf genug

---

[1]) Friedmann in Ufita 1928/557 bezeichnet den Filmregisseur als „urschöpferisch", den Film als neues Urheberwerk.

die Grenze zwischen Eigen-Schöpferischem und Wiedergeben; auch er scheint seinen Standpunkt herzuleiten von der Betrachtung des nicht völlig drehreifen Buches, welches dem Regisseur für seine Betätigung noch einen allzu großen Spielraum läßt. Nach der hier vertretenen Ansicht kann der Film schon darum kein völlig neues Geistesprodukt sein, weil das Manuskript im Film viel zu stark weiterlebt. Auch kann Dienstag nicht darin beigetreten werden, daß die durch den Bühnenregisseur [1]) vorgenommene Umsetzung des Geschriebenen in das gesprochene Wort prinzipiell anderer Art sei als die vom Filmregisseur vorgenommene Umsetzung des genau beschriebenen Bildes in das filmische Bild. Bezüglich der Entfaltung künstlerischen Feingefühls mögen an den Filmregisseur höhere Ansprüche gestellt werden als an den Bühnenregisseur (eine größere Sorgfalt bedingt hier schon das größere geschäftliche Risiko). Wenn überhaupt — so könnte doch nur ein gradueller, nicht ein prinzipieller Unterschied bei der künstlerischen Bewertung der Tätigkeit beider Regisseure anerkannt werden.

Über die Frage — Dienstag verneint sie — ob in der Tätigkeit des Filmregisseurs, wenn schon keine neuschaffende, so doch wenigstens eine Bearbeitertätigkeit erblickt werden kann, wird noch zu sprechen sein.

3. Die Lehre von der Urheberschaft des Unternehmers.

Sieht man den Filmstreifen als ein neues Urheberwerk gegenüber dem Drehbuche an und kommt man infolgedessen zur Ablehnung der Stellung des Drehbuchautors als Filmurhebers, verneint man ferner eine urheberschaftliche Tätigkeit von Regisseur, Schauspieler und Kameramann, so kommt man in eine bedrängte Lage, weil man den Film wegen der Regel des § 15 a KSchG. wohl oder übel als Urheberwerk anerkennen muß, den Urheber selbst aber zunächst vergeblich sucht [2]). Aus dieser Schwierigkeit — entstanden durch die Verwaschung der Begriffe „künstlerische Arbeit“ und „schöpferische künstlerische

---

[1]) Über den Bühnenregisseur vgl. Koch: „Das Urheberrecht des Bühnenregisseurs“, Elster S. 147 und die treffenden Bemerkungen Smoschewers in GRuU 1928 S. 70.

[2]) Vgl. Frehse in GRuU 1925/302.

Arbeit" — sieht die insbesondere von Goldbaum[1]) und Eckstein[2]) mit Energie verfochtene herrschende Meinung als Ausweg nur die Möglichkeit, „in der Person des Unternehmers das kinematographische Urheberrecht entstehen zu lassen[3])." Damit ist nun freilich der gordische Knoten durchgehauen, nur gelöst ist er nicht. Diese Theorie hat die Merkmale einer typischen Ausfluchtslösung. Sie ist in ihrer Verallgemeinerung die praktisch am meisten, die theoretisch am wenigsten befriedigende Ansicht. Sie verkennt — ganz abgesehen von anderen Bedenken, die gegen sie bestehen —, daß die nach ihrer Ansicht die Urheberschaft mitbedingende organisierende Tätigkeit des Unternehmers eine kaufmännische Angelegenheit ist, welche im Literaturschutzgesetz (welches geistige Güter schützen, nicht aber einem Kaufmann dienen will), nach dessen ganzen Sinn keine Berücksichtigung finden kann. Man braucht nicht in das Extrem zu verfallen und die Möglichkeit eines originären Urheberrechts des Unternehmers unter allen Umständen zu leugnen[4]). Das wäre ebenso falsch wie wenn man dem Regisseur ganz ausnahmslos Urheberrecht abstritte. Allgemeine Regeln im Filmurheberrecht aufstellen zu wollen, ist überhaupt schwierig. Die quaestio facti spielt eine große Rolle. Auf die Wahrheit der schöpferischen Leistung kommt es an. (Vgl. Elster S. 110.)[5]) Die Schaffung eines Urheberwerks kann von vornherein so abhängig in fremdem Auftrag ausgeführt werden, daß das Urheberrecht originär im Auftraggeber entstehen kann. (Vgl. Elster S. 110.) Wenn aber, wie hier vorausgesetzt, der Fabrikant das drehreife Buch vom Autor erwirbt und es von seinen Mitarbeitern ohne bedeutsame Änderungen filmen läßt, so ist die künstlerische Lei-

---

[1]) Urheberrecht S. 45.

[2]) Eckstein S. 39.

[3]) Vgl. Goldbaum S. 45. Die Schwierigkeiten, die sich daraus ergeben, daß der wahre Verfasser des Films nicht erkannt wird, werden deutlich in der Entscheidung des Kammergerichts in M. u. W. XXIII S. 14.

[4]) Vgl. aber RGSt 48/331, wonach eine juristische Person des Privatrechts nicht Urheberin eines Schriftwerkes sein könne. Vgl. auch Marwitz-Möhring S. 41. Die Sonderbestimmung in § 3 LUG kann nach Sinn und Zweck nicht hierauf bezogen werden.

[5]) Gegen die Urheberschaft des Unternehmers auch Dienstag S. 142 mit dem richtigen Hinweis, daß Urheber nur sei, wer durch persönliche geistig-künstlerische Leistung das Werk hervorbringe.

stung des Unternehmers nicht so schöpferisch, um ein originäres Urheberrecht für ihn zu begründen. Organisieren allein ist keine künstlerisch-schöpferische Tätigkeit, sondern ist nur ihr Rahmen. Wäre der Unternehmer originärer Urheber, so müßte er als solcher auch das Urheberpersönlichkeitsrecht haben. Das Persönlichkeitsrecht hat nur als Teil des Urheberrechts Bestand, weil ein allgemeines Persönlichkeitsrecht nicht anzuerkennen ist. (Vgl. RGZ 113/414 und 79/399.) Da der Autor oder Regisseur nicht Urheber des Filmes wären, könnte ihnen nicht einmal persönlichkeitsrechtlicher Schutz gewährt werden. Diese Folge ist so unbillig, daß aus ihr allein schon Bedenken gegen die Urheberschaft des Unternehmers entstehen müssen. Freilich lassen die Vertreter der h. M. das Persönlichkeitsrecht durch eine Hintertür herein, ohne dieses zufriedenstellend begründen zu können.

Dem Unternehmer mag in Ausnahmefällen das Urheberrecht zukommen, wenn seine Leistung über das Kaufmännische hinaus in das Künstlerisch-Schöpferische hineinragt. In der Allgemeinheit, in der die h. M. es ihm zuerkennt, hat er es jedenfalls nicht. Dem Geist des Literaturschutzgesetzes widerstrebt eine solche Zurücksetzung des Persönlichen einer Schöpfung. Im Wege des Vertrages erhält der Unternehmer sowieso das Vermögensurheberrecht, und deshalb spielt die Frage nach dem originären Urheberrecht des Unternehmers praktisch keine allzugroße Rolle. (Vgl. Friedmann in Ufita 1928 S. 345.) Das polnische und portugiesische Recht gewähren dem Unternehmer ausdrücklich das originäre Urheberrecht (vgl. GRuU 1928 S. 192).

4. Die Lehre von der Urheberschaft des Drehbuchautors am Film.

Gelegentlich der Ablehnung der soeben behandelten Lehren über die Urheberschaft am Film ist wiederholt betont worden, daß die vom Drehbuchautor erfundene Fabel sich der Filmbilder bedient, um den vom Autor ihr zugedachten und hinsichtlich seiner Fassung genau beschriebenen Ausdruck zu erhalten, und daß darum im Drehbuch nicht nur die Fabel steckt, sondern daß es auch Anordnungen für die Herstellung der Bilder in reichem Umfange gibt. Es war gesagt worden, daß das Drehbuch ein fertiges Kunstwerk sein kann, wenn es auch in dieser

Form auf das Publikum zu wirken nicht bestimmt ist. Es ist eben zum Zweck der Filmung geschrieben und will seinen Ausdruck in der Gestalt des auf die Leinwand projizierten Filmes finden, ebenso wie Noten geschrieben werden, um in Tönen ihren Ausdruck zu finden. Der Film ist das Ausdrucksmittel für die Drehbuchfabel. Die Tätigkeit jedes an der Herstellung Beteiligten dient dazu, der Filmhandlung Ausdruck zu verschaffen; die Filmhandlung steht im Mittelpunkt jeder filmischen Tätigkeit. Da zwischen der Herstellung des Drehbuches und der Fertigstellung des genauestens nach dem Drehbuch hergestellten Filmnegativs wohl noch eine Fülle künstlerischer Arbeit, nicht aber künstlerisch-schöpferischer Tätigkeit zu liegen pflegt, so zwingt diese Erkenntnis zu der hier vertretenen Meinung, daß grundsätzlich der Autor des kurbelfertigen Buches auch der Autor der Verkörperung dieses Buches, nämlich des Filmbandes, ist.

Die hier dargetane Ansicht schließt sich in ihren wesentlichen Punkten der von Elster entwickelten und ausgebauten und in zahlreichen Schriften, zurück bis zum Jahre 1912 vertretenen Lehre an.

Der Film ist gegenüber dem Drehbuch kein neues Werk. (Anderer Meinung auch Friedemann in Ufita 1928/537.) § 13 LUG kommt nicht zur Anwendung nach dem bisher Gesagten. Aber auch für die Anwendung des § 12 Z. 6 LUG ist kein Raum. Überläßt der Autor sein Drehbuch der Filmfirma zur Filmung, so liegt darin nicht eine Übertragung der ihm nach § 12 Z. 6 zustehenden Bearbeitungsbefugnis, weil eben die Filmung nicht einmal Bearbeitung des Manuskriptes bedeutet [1]). Der Regisseur — oder durch diesen der Fabrikant — benutzt nicht das Schriftwerk „Drehbuch“ zu einer bildlichen Darstellung, welche das Originalwerk seinem Inhalt nach im Wege der Kinematographie wiedergibt, sondern er setzt das Drehbuch in jedem einzelnen seiner Teile in Filmbilder um. Eine Bearbeitung kann schon darum nicht vorliegen, weil die Art, wie zu „bearbeiten“ wäre, vom Autor des Originalwerks durch eingehende Regieanweisungen genau angegeben ist. Das aber widerspricht dem Begriff der

---

[1]) Die h. M. sieht freilich in der Filmung eine Bearbeitung des Drehbuchs, z. B. Goldbaum Urheberrecht S. 23, Marwitz-Möhring § 12 (4 b); Friedemann in Ufita 1928 S. 537 und 348, Hoffman in GRuU 1925 S. 96, Alexander-Katz ebenda S. 145.

Bearbeitung, welchem hier die Merkmale einer auch nur geringen schöpferischen Tätigkeit fehlen würden. § 12 Z. 6 betrifft den Fall der Verfilmung, nicht den der Filmung. Die Spanne zwischen dem zu verfilmenden Roman z. B. und dem Drehbuch ist eine sehr viel weitere als die zwischen Drehbuch und Film. Das Drehbuch ist eine Bearbeitung des Romans, der Film die unschöpferische Wiedergabe (ähnlich der Aufführung oder Vervielfältigung) des Drehbuchs. Denn die Filmung des Drehbuchs enthält Elemente sowohl der Aufführung als auch der Vervielfältigung.

Wenn gleichwohl der Drehbuchautor nicht stets als Urheber des Film anzusehen ist, so kann dieses an zweierlei liegen: entweder ist das Buch nicht drehreif, sodaß der Regisseur oder der Dramaturg so erhebliche Änderungen daran vornehmen müssen, daß der Film nicht das Ausdrucksmittel des Drehbuchs in dessen ursprünglicher Form ist. Dann ist es Tatfrage, ob Regisseur oder der Unternehmer (durch den abhängigen Regisseur oder eine andere Person) Miturheber des Autors sind, oder ob sie nur Bearbeiter sind. Elster (S. 110) betont, daß es auf die Wahrheit der schöpferischen Leistung ankommt und sagt: „Stammt diese vom Verfasser des drehreifen Buches, so steht diesem, stammt sie von dem leitenden Mann der Filmgesellschaft, so steht dieser das Urheberrecht zu."

Oder der Regisseur ändert das an sich drehfertige Buch — ohne es lediglich zu ergänzen — mit Einwilligung des Autors schöpferisch ab. Dann sind Autor und Regisseur Miturheber i. S. des § 6 LUG, denn die Arbeiten der beiden Autoren dürften sich in diesem Falle nicht trennen lassen. Genau betrachtet stellt sich die Tätigkeit des Regisseurs in diesen Fällen als eine schöpferische Mitarbeit am Drehbuch dar, nur kommt diese schöpferische Tätigkeit manchmal im Filmband erst zum Ausdruck.

IV. Die einzelnen Rechte und Pflichten des Drehbuchautors.

1. Der Filmungsvertrag.[1])

Die bisherigen Erörterungen haben ergeben, daß im Regelfall der Drehbuchautor Filmautor ist. Er als Urheber genießt also gem. § 1 LUG den dort verheißenen Schutz. So ist er gegen einen Abdruck des Drehbuchs geschützt. Freilich spielt dieses gar keine Rolle, da das Drehbuch nicht zum Druck, sondern zur Filmung geschrieben ist. Wird es ausnahmsweise doch einmal als Buch verlegt, so ist die Anwendbarkeit des Verlagsgesetzes ganz selbstverständlich.

Die Frage nach den Rechten des die Filmung selbst vornehmenden Manuskriptautors ist müßig, denn sie wird in Deutschland nicht praktisch. (Anders z. T. im Ausland; so ist Chaplin sein eigener Unternehmer, außerdem ist er Verfasser, Regisseur, Schauspieler in einer Person.). Als eigener Unternehmer das Drehbuch seiner eigentlichen Bestimmung, nämlich der Filmung, zuzuführen, ist der Autor in Deutschland aus finanziellen Gründen nicht in der Lage. Er überträgt also sein Urheberrecht, sei es ganz, sei es teilweise, auf den Produzenten. (§ 8 Abs. 3 LUG.) Dies geschieht durch einen Vertrag, welchen man am besten als Filmungs- oder Manuskript-Vertrag bezeichnet. Denn bei vieler Ähnlichkeit, den er mit dem Verlags-Vertrag einerseits, dem Aufführungs-Vertrag andrerseits hat, ist er doch keiner von beiden. Die Lehre Goldbaums[2]) von der Anwendbarkeit des Verlags-Gesetzes hat heute nur noch theoretischen Wert; sie ist von der Rechtswissenschaft und vom Reichsgericht mit Recht abgelehnt worden. (Vgl. RGZ 107/62 f.) Auf die reiche Literatur über diese Frage kann darum verwiesen werden[3]). Nur soviel sei gesagt, daß trotz mancher Berührungspunkte der Filmungsvertrag dem Wesen des Verlagsvertrags widerspricht. Der Filmfabrikant ist kein Verleger! Der Vorgang der Filmung ist zu wenig mechanischer Art (ohne darum künstlerisch-schöpferisch

---

1) Vgl. den nach Fertigstellung dieser Arbeit erschienenen Aufsatz Elsters in GRuU. 1931/47: „Der Filmungsvertrag und der sogenannte „Verfilmungszwang“.“

2) „Das Filmverlagsrecht an drehreifen Büchern.“

3) Vgl. z. B. Allfeld § 8 Nr. 17; Eckstein S. 31; Künzig: „Der Verlagsvertrag des Filmrechts; Friedemann in Ufita 1928 S. 536; Alexander-Katz GRuU 1925/144.

sein zu müssen und ohne daß darum jede Vervielfältigung eine einzig und allein mechanische Tätigkeit sein müßte!), als daß er sich zwanglos als bloße „Vervielfältigung" im Sinne des Verlagsgesetzes, welches typisch dem Buch- und Musikalienhandel gilt, ansehen ließe. Höchstens kann eine vorsichtige analoge Anwendung gewisser Verlagsgesetznormen gebilligt werden. Das Reichsgericht (Bd. 107/62) lehnt entgegen der Entscheidung des Kammergerichts (JW 1922 S. 1457) selbst analoge Anwendung ab. Von Vervielfältigung kann unbedenklich nur bei Herstellung von Kopien nach dem ersten Negativstreifen gesprochen werden. Indessen wird durch die Filmung ein körperlicher Gegenstand erzeugt (das Negativ), welcher der Wiedergabe des Werks zum Zwecke der sinnlichen Wahrnehmung mittelbar dienen soll. Darum wird man grundsätzlich den Filmungsvorgang so behandeln können wie die Vornahme einer Vervielfältigung im Sinne des Literaturschutzgesetzes. Das Bedenken besteht freilich, daß der Vervielfältigungsbegriff unzulässig erweitert würde, wenn man einen so viel künstlerische Arbeit enthaltenden Vorgang wie die Filmung darunter rechnete. Die Negativherstellung entspricht aber noch am ehesten dem Vervielfältigungsbegriff des Literaturschutzgesetzes, welcher weiter zu fassen ist, als der des Verlagsgesetzes [1]).

Auch eine eigentliche „Aufführung" ist die darstellerische Tätigkeit vor dem Kurbelkasten nicht, obwohl hier gleichfalls Berührungspunkte gegeben sind. Dem Begriff der Aufführung ist eigentümlich eine zeitlich zusammenhängende Wiedergabe des aufzuführenden Werkes. Diese fehlt bei der Filmung und findet sich erst bei der Vorführung der Positivkopie. Da aber der Weg von der fertigen Filmung zur Vorführung künstlerische Leistungen nicht mehr erfordert, sondern rein mechanisch zu werten ist, steht der Filmungsvertrag dem Aufführungsvertrag nahe, sodaß wenigstens gegen eine analoge Anwendung aufführungsvertraglicher Grundsätze Bedenken nicht bestehen. Ein wesentlicher Unterschied zwischen Aufführung und Filmung ist der, daß durch die Aufführung das Werk bereits an das Publikum gebracht wird, während die Filmung ein gewissermaßen interner

[1]) Das Kammergericht in JW 1922/1457 sieht im Negativ keine Vervielfältigung des Manuskripts, weil keine Wiedergabe in der gegebenen Sprachform vorliege. Auf die äußere Form wird es aber weniger ankommen, als auf das Werk selbst! Vgl. auch RGZ 107/279.

Vorgang ist, und das Werk erst durch die Vorführung auf die Umwelt wirken soll. Das, was sich vor dem Aufnahmeapparat abspielt, ist keine reine Aufführung. Die Aufnahme ist kein reiner Vervielfältigungsvorgang. Der Vervielfältigung einer Aufführung kommt die Filmung aber schließlich noch am nächsten und die vorgeführte Kopie entspricht etwa einem weiteren Vervielfältigungsexemplar, während das erste Vervielfältigungsexemplar im Negativ zu erblicken wäre. Elster spricht von „Filmung der Aufführung". Es muß erneut betont werden, daß der Film als gänzlich neues Ausdrucksmittel unter denjenigen rechtlichen Gesichtspunkten zu werten ist, welche seinem Wesen am nächsten stehen.

Dem Reichsgericht ist zuzustimmen, wenn es den Filmungsvertrag als einen Vertrag eigener Art bezeichnet, welcher seine besondere rechtliche Würdigung erheische [1]). Der Drehbuchautor erteilt — ebenso wie der Dramenautor das Recht zur Aufführung überträgt — durch den Filmungsvertrag das Recht zur Filmung des Drehbuchs und zur geschäftlichen Ausnützung dieser Filmung durch Vorführung der Kopien (§ 8 Abs. 3 LUG). Mangels anderweiter Abrede erwirbt der Produzent das Urheberrecht ohne Beschränkung auf Deutschland, d. h. er erwirbt es, soweit deutsche Urheberrechte überhaupt geschützt sind. Der Umfang ergibt sich aus der Rev. Berner Übereinkunft (vgl. Goldbaum Urheberrecht S. 88). Übertragen wird also das sog. „Weltverfilmungsrecht" (s. Vertragsmuster im Anhang). Stellt im Auftrage des Unternehmers der Autor ein Drehbuch über ein bestimmtes Thema her oder übernimmt er die Bearbeitung eines Romans oder dergl. für den Film, so liegt zunächst ein Vorvertrag vor, durch welchen der Autor verpflichtet wird, sein Urheberrecht auf Filmung an dem künftigen Werk dem Unternehmer gegen Entgelt zu übertragen.

Als Gegenleistung erwirbt der Autor zunächst den Anspruch auf Honorar, welches regelmäßig in einer Pauschalsumme, nicht aber in einer Gewinnbeteiligung besteht. Dieses ist der Mindestinhalt des Filmungsvertrages. Darüber hinaus hat der Autor noch

---

[1]) Der Standpunkt des Reichsgerichts in der grundlegenden Entscheidung Bd. 107 S. 62 f. weicht sonst in einigen wesentlichen Punkten von der hier vertretenen Meinung ab.

andere Rechte und Pflichten. Ist der Autor vom Produzenten fest angestellt und hat er in künstlerischer Hinsicht freie Hand, so ist seine Stellung im wesentlichen die gleiche wie die des freien Autors. Mit der Ablieferung des Drehbuches an die Filmfirma erwirbt diese das Urheberrecht auf Filmung. Ist der fest angestellte Autor indes hinsichtlich der künstlerischen Gestaltung völlig von den Anweisungen des Produzenten, der diese Anweisungen durch den Produktionsleiter erteilen dürfte, abhängig, so ist die Rechtslage so zu beurteilen, als ob die Firma selbst Verfasserin des Drehbuches wäre. In diesem Falle steht ihr ein originäres Urheberrecht zu und ihr Vertrag mit dem Autor ist ein Dienst- oder Werkvertrag, der Autor ist nur Gehilfe der Firma. Der Abhängigkeitsgrad ist maßgebend für die Stärke der Urheberposition (vgl. RGZ 108/64 über den „Gehilfen des Urhebers").

Eine weitere Pflicht des Drehbuchautors besteht darin, das Urheberrecht am Drehbuch frei von Beschränkungen zu übertragen, welche von Dritten dem Produzenten gegenüber geltend gemacht werden könnten. Liegt dem Drehbuch das geschützte Urheberwerk eines anderen zugrunde (Roman, Drama etc.), so ist es regelmäßig eine Bearbeitung dieses Werks (§ 12 LUG), weil Drama oder Roman durch den Film nicht wiedergegeben werden können, ohne daß am Originalwerk schöpferische Formgebungsarbeit geleistet worden wäre. Die Übernahme des Ganges der Handlung des Originalwerkes in den Film reicht allein nicht aus, um dem Originalwerkautor Filmautorstellung zu geben. W a s dargestellt wird, mag vornehmlich Gedankenschöpfung des Originalautors sein. Das W i e der Darstellung geht auf schöpferische Formgebungsarbeit des Drehbuchautors zurück, dessen künstlerische Leistung hier um vieles intensiver sein wird als diejenige des nichtschöpferischen Regisseurs. Den Rechten des Originalwerkautors wird insoweit zur Genüge Rechnung getragen, als sich die Rechte des Filmautors ihm gegenüber als abhängige darstellen [1]) (vgl. KG in „Kinematograph" 24. Jahrgang Nr. 4). Vom Urheber des Originalwerks muß der Drehbuchautor das Bearbeitungsrecht erwerben, da der Autor des Originalwerks sonst die Vorführung des nach dem Drehbuch hergestellten Films

---

[1]) Vgl. die (abzulehnenden) Ansichten L i o n s in Ufita 1929 S. 615.

verbieten oder verhindern könnte. Der Drehbuchautor hat demgemäß — es sei denn, daß der Erwerber die Beschränkung des Urheberrechts kennt — dafür einzustehen, daß durch die Vorführung der Kopien Rechte Dritter nicht verletzt werden. In der Praxis wird zumeist der Unternehmer das Recht zur Bearbeitung erwerben und diese dann einem Drehbuchautor übertragen. Ist im Drehbuch nicht eine Bearbeitung des Originalwerkes zu erblicken, sondern stellt es eine eigentümliche Schöpfung i. S. des § 13 LUG dar, was Tatfrage ist, so entfällt naturgemäß ein Verbietungsrecht des Dritten. § 13 LUG wird selten zutreffen. (Vgl. Marwitz-Möhring S. 31.)

Aus dem Sinn des Filmungsvertrages ergibt sich, daß der Autor dem Erwerber des Drehbuchurheberrechts sämtliche Vermögensvorteile übertragen will, die durch die Filmung des Drehbuchs überhaupt erschlossen werden können. Hieraus folgt, daß der Unternehmer berechtigt ist, die Filmung des Drehbuchs beliebig oft vorzunehmen [1]), wenn er nicht gerade hierdurch Persönlichkeitsrechte verletzt, was regelmäßig nicht der Fall sein wird. Ein Hauptpunkt des Filmungsvertrages ist es ja eben, daß durch ihn der Produzent alle Vermögensurheberrechte durch Filmung erwirbt.

Die Frage, ob der Unternehmer sein Filmungsrecht weiter übertragen kann, ist grundsätzlich zu verneinen. Die Rechtslage entspricht hier derjenigen des Aufführungsvertrags. Die Filmung durch den Unternehmer ist ein Tätigwerden künstlerischer Art. Sie ist nicht so mechanisch, daß sie jeder andere ebensogut vornehmen könnte. Der Filmungsvertrag hat durchaus persönlichen Charakter [2]). Vertraglich wird das Übertragungsrecht allgemein ausbedungen.

2. Der Filmungsanspruch.[3])

Das Urheberrecht ist nicht nur ein Vermögensrecht, sondern auch ein Persönlichkeitsrecht. Das Interesse des Autors ist nicht ein geldliches allein, sondern als Künstlerpersönlichkeit hat der

---

[1]) Vgl. Friedemann in Ufita 1928 S. 547 und zur Frage der Zweitverfilmung; Smoschewer in GRuU 1925/327.

[2]) Vgl. Goldbaum Urheberrecht S. 74, a. M. Eckstein S. 28, Friedemann in Ufita 1928 S. 544.

[3]) Vgl. S. 26 Fußnote.

Autor auch das berechtigte Interesse, sein Werk zum Ausdruck gebracht zu sehen und durch sein Werk auf die Umwelt zu wirken. Aus der Natur des Drehbuches ergibt sich, wie schon betont, daß es in der Form des Films wirken soll. Das Recht der Künstlerpersönlichkeit wird verletzt, wenn der Erwerber des Drehbuchurheberrechts das Buch nicht seiner Bestimmung, nämlich der Filmung, zuführt, sondern es aus irgend welchen Gründen (Konkurrenz- oder finanziellen Gründen z. B.) in seinem Schrank verschwinden läßt. Der Autor hat grundsätzlich den Anspruch auf Filmung, welcher freilich nicht auf das Verlagsgesetz gestützt werden kann. Die Erlangung des Honorars mag für die meisten Autoren das Hauptinteresse sein, das einzige ist es jedoch nicht. (Vgl. KG in JW 1922/1457.) Zu bedenken ist ferner, daß der Autor auch ein künftiges Vermögensinteresse insofern an der Filmung hat, als er umso gesuchter sein wird, je mehr er hervortritt; er kann aber nur dadurch bekannt werden, daß man seine Filme zu sehen bekommt. Es treffen etwa die gleichen Gründe zu, welche man für das anerkannte Recht des Schauspielers auf Beschäftigung herangezogen hat.

Diese Frage nach dem Filmungsanspruch des Autors (entsprechend: „Filmungspflicht des Unternehmers") ist noch heiß umstritten[1]) und durch die Entscheidung des Reichsgerichts im 107ten Bande S. 62f. keineswegs befriedigend gelöst. Das Reichsgericht stellt kaufmännische Gesichtspunkte in den Vordergrund, um so eine Ablehnung des Filmungsanspruches begründen zu können. Es geht nicht an, die urheberrechtliche Stellung des Autors schmälern zu wollen, indem man auf das wirtschaftliche Risiko des Unternehmers hinweist. Schlägt der Film wider Erwarten gut ein, so wird der Autor auch nicht in Gestalt von Tantièmen an dem besonders hohen Gewinn beteiligt. Das Für und Wider beim Abschluß eines Filmungsvertrages abzuwägen, ist Sache der kaufmännischen Geschicklichkeit des Unternehmers und geht den Autor nichts an. Der Standpunkt des Reichsgerichts stützt sich zudem auf die irrige Ansicht, daß der Drehbuchautor niemals alleiniger Filmautor sein könne, weil der in Diensten des Unternehmers stehende Regisseur Miturheber sei. Es

[1]) Abgelehnt z. B. von Lion LZ 1925 S. 203, Friedemann in Ufita 1928 S. 539, Eckstein S. 30. Dafür z. B. Goldbaum, Elster und Opet (JW 1924 S. 1719).

ist schon darauf hingewiesen worden, daß bei der ungenügenden gesetzlichen Regelung des Filmrechts die Treu- und Glauben-Grundsätze im filmischen Vertragsrecht eine besonders große Rolle spielen müssen, und diese Grundsätze können wohl dazu führen, in besonderen Fällen die Filmungspflicht zu verneinen und dem Autor nur insoweit zu helfen, als er wenigstens das Recht erhält, die Filmung des Drehbuchs anderweit vornehmen zu lassen [1]). Allein — als Grundsatz muß nach dem Sinn des Gesetzes und des Filmungsvertrages an der Filmungspflicht des Unternehmers festgehalten werden. Freilich werden durch ausdrückliche Bestimmungen im Filmungsvertrage die Autoren gezwungen, auf ihren Filmungsanspruch zu verzichten. (S. Anhang.) Die Autoren sind dem Unternehmer wirtschaftlich so unterlegen, daß sie wohl oder übel einen guten Teil ihrer Rechte im Wege des Vertrages preisgeben. Dies trifft nicht nur auf den Filmungsanspruch zu. Daß solche Abreden sittenwirdig und darum nichtig seien, wird man jedoch nicht sagen können.

3. Die Änderungsbefugnis des Unternehmers.

§ 9 LUG lautet:

„Im Falle der Übertragung des Urheberrechts hat der Erwerber, soweit nicht ein anderes vereinbart ist, nicht das Recht, an dem Werke selbst, an dessen Titel und an der Bezeichnung des Urhebers Zusätze, Kürzungen oder sonstige Änderungen vorzunehmen.

Zulässig sind Änderungen, für die der Berechtigte seine Einwilligung nach Treu und Glauben nicht versagen kann.“

Auf den Filmungsvertrag angewendet, bedeutet diese Vorschrift, daß grundsätzlich der Regisseur die Filmung so vorzunehmen hat, wie der Drehbuchautor es angegeben hat. In den meisten Fällen findet aber eine sklavische Umsetzung des Drehbuchs in den Film nicht statt, sondern der Regisseur ist aus Gründen der künstlerischen Wirkung oft genötigt, Ergänzungen, auch Änderungen des Drehbuchs vorzunehmen. Es ergibt sich das daraus, daß vor dem geistigen Auge des Autors das Filmbild in der beschriebenen Gestalt manchmal wirksamer erscheint

---

[1]) Vgl. diese Erwägungen des RG in 107/62 und Friedemann in Ufita 1928/539, vgl. auch das Heimfallsrecht des § 17 VG.

als später bei der Filmung. In besonderem Maße trifft dies auf den Tonfilm zu. Selbst das drehreifste Buch, welches wohl so gefilmt werden kann, wie es geschrieben ist, wird durch gewisse geringfügige Ergänzungen bei der Filmung zum Vorteil des Films noch ausgebaut werden können. Solche Ergänzungen ergeben sich aus der Natur der Sache und sind einem schöpferischen Akt des Regisseurs nicht gleichzuachten. Auf solche Ergänzungen trifft § 9 Abs. 2 LUG unbedenklich zu: Der Drehbuchautor wird sich dagegen nicht wehren können, und er wird auch gar nicht den Wunsch haben, es zu tun.

In nicht seltenen Fällen wird aber auch eine wesentliche Änderung des Drehbuchs — welche nicht einmal buchstabenschriftsich, sondern durch die Filmung selbst vorgenommen werden kann — durch den Regisseur erforderlich werden. Gedacht ist hierbei an Abänderungen, welche den Rahmen einer selbstverständlichen Ergänzung in Einzelheiten überschreiten und etwa einen Eingriff in die Filmhandlung selbst darstellen. Derartige Änderungen sind bei einem vollkommen kurbelfertigen Buch nicht notwendig und sie zu untersagen, ist dessen Autor befugt, da er in solche Abänderungen regelmäßig nach Treu und Glauben [1]) nicht wird einzuwilligen brauchen. Praktisch spielt diese Frage darum eine geringe Rolle, weil der Autor von vornherein im Filmungsvertrag in derartige Änderungen einwilligen wird. (S. Vertragsmusteranhang.) Er kann sich damit der alleinigen Urheberschaft am Drehbuch und Film begeben und zum Miturheber mit dem Regisseur, bezw. dem Unternehmer werden. Auch hier zeigt sich wieder die Auswirkung seiner wirtschaftlichen Unterlegenheit. § 9 Abs. 2 LUG trifft grundsätzlich zu, wenn ein stummer Film nachträglich zum tönenden gemacht wird.

Viele Filmmanuskripte sind in der eingereichten Form eben doch nicht so filmreif wie der Autor sich das gedacht haben mag. Dann wird seine stillschweigende Einwilligung zu einer für die Filmung notwendigen Abänderung angenommen werden dürfen. Durch die abändernde Tätigkeit, besonders durch Eingriffe in die Filmhandlung wird der Regisseur in der Regel der Miturheber des Autors werden, d. h. der Regisseur übt dadurch nicht nur Regie-, sondern auch Autorentätigkeit aus. Als „Be-

[1]) Der Rahmen wird hier aber nicht zu eng gespannt werden dürfen!

arbeitung“ i. S. des § 12 Abs. 1 LUG wird man dann die Tätigkeit des Regisseurs kaum mehr bezeichnen können. Doch ist das Tatfrage. Die Arbeiten des Autors und „Autor-Regisseurs“ werden sich für gewöhnlich nicht trennen lassen, sodaß als gemeinsame Verfasser des Drehbuchs und des Films der Autor des nicht drehreifen Buchs und der Regisseur (bezw. Unternehmer) anzusprechen sein werden. Dann liegt aber Miturheberschaft im Sinne des § 6 LUG vor. Durch stillschweigenden oder ausdrücklichen Vertrag geht das Urheberrecht des Regisseurs auf den Unternehmer über, welchem das Filmungsurheberrecht des Autors schon übertragen war. Berechtigter aus der Miturheberschaft von Autor und Regisseur ist hier vertragsmäßig der Unternehmer. Originäres Miturheberrecht hat der Unternehmer, wenn der Regisseur das Drehbuch nach genauer Anweisung abgeändert hat. Ein nicht drehreifes Buch kann auch von einer anderen in den Diensten des Unternehmers stehenden Person, z. B. dem Dramaturgen, drehreif gemacht werden. Dann ist die Rechtslage diese: Urheberberechtigter ist, soweit der vermögensrechtliche Teil des Urheberrechts in Frage steht, in diesen Fällen die Produktionsfirma. Denn der Dramaturg ist wegen seiner festen Anstellung und da er nicht nur für den einen Film engagiert ist, nur Gehilfe der Firma.

An dieser Stelle mag darauf hingewiesen werden, daß die in Wissenschaft und Rechtsprechung noch überwiegende Ablehnung der Autorschaft des Drehbuchautors am Film zu einem guten Teil dadurch erklärlich wird, daß wirklich gute, drehreife Bücher heute nicht allzuhäufig verfaßt werden und daß die Leistung der wiedergebenden Künstler — Regisseur, Schauspieler, Kameramann — darum oft bsonders hoch veranschlagt und fälschlich als schöpferisch betrachtet wird, weil es ihr mitunter gelingt, die Schwächen des Manuskripts dem Beschauer zu verdecken. Aus diesen — hoffentlich vorübergehenden — Mißständen in der Praxis erklärt sich auch die Einstellung des Reichsgerichts und vieler Autoren, welche die alleinige Urheberschaft des Drehbuchverfassers nicht anzuerkennen vermögen, weil dessen künstlerische Tätigkeit nicht intensiv genug sei. Nur so ist es erklärlich, wenn L i o n (in LZ 1925 S. 203) schreiben kann, „daß der Filmautor gegenüber dem Regisseur nur eine nebensächliche Rolle“ spiele. In den Filmkritiken findet man immer wieder die Klage über schlechte Drehbücher laut werden. Mit besonderem Nachdruck ist zu betonen, daß Ausgangspunkt der juristischen Betrachtungen das Vorliegen eines völlig drehreifen Buches sein muß, und daß man nicht unfertige, minderwertige Bücher grundsätzlichen Erörterungen zugrunde legen darf. Es gibt tatsächlich vollkommen drehreife Bücher. Ein Blick in das im Anhang abgedruckte Stolzenbergsche Drehbuch „Pennäler" zeigt, in welch ganz überragendem Umfange die schöpferische Leistung des Autors eines vollkommen drehreifen, präzise durchgearbeiteten Manuskriptes die künstlerische Wirkung des Films bestimmen muß. Dem Regisseur, welcher sich an dieses Drehbuch hält, bleibt innerhalb der Regieanweisungen so wenig Raum für eigene künstlerische Leistungen, daß seine Tätigkeit ans Handwerkliche grenzt.

Erwähnt sei noch, daß Verleiher und Theaterbesitzer eine das Persönlichkeitsrecht des Autors verletzende Verunstaltung des Werks durch übermäßige Kürzung nicht vornehmen dürfen. Der Autor wird indes kaum Gelegenheit haben, gegen diese häufig vorkommende Verschandelung seines Films vorzugehen.

4. Der Titelschutz.

Vgl. hierzu insbesondere folgende Abhandlungen: Alexander-Katz: Bd. 27 der „Rechtsfragen der Praxis", Berlin 1929, Weigert in Ufita 1928 S. 405 f. und Elster in GRuU 1925 S. 146 f. und die dort angegebene Literatur. Ferner Seiller in Ufita 1928 S. 182 f.; Kammergericht ebenda S. 319; Entsch. des Obersten Gerichtshofs Wien in Ufita 1929 S. 570; Alexander-Katz in GRuU 1925 S. 140 f.; Ebner ebenda S. 209 f.; Goldbaum in GRuU 1926 S. 303; Dienstag in MuW 1928 S. 325. Ferner RGZ 104/89; 112/118; KG in GRuU 1929 S. 123; JW 1926/1158.

Zu den umstrittensten Fragen des Urheberrechts gehört die Frage des Titelschutzes, welche besonders im Filmrecht immer wieder praktische Bedeutung gewinnt. Es ist davon auszugehen, daß der Drehbuchautor, welcher seinem Werk den Titel gegeben hat, zugleich mit den Rechten am Drehbuch dem Unternehmer selbstverständlich auch das Recht zur üblichen Verwendung des Titels übertragen hat. Ebenso wie er dafür einzustehen hat, daß die bestimmungsmäßige Verwertung des Drehbuchs nicht durch Rechte Dritter gestört wird, ebenso hat er dafür einzustehen, daß durch die im Filmgewerbe gebräuchliche Verwendung des Drehbuch-, bezw. Filmtitels keine Rechte dritter Personen verletzt werden, welche die Verwendung des Titels untersagen könnten.

Gegenüber dem Unternehmer, welcher das Filmungsrecht am Drehbuch erworben hat, steht dem Autor gem. § 9 LUG der (durch Vertrag meist ausgeschlossene) Anspruch zu, daß am Titel des Werkes Änderungen nicht vorgenommen werden. Filmtitel sind für den Kassenerfolg heute manchmal ausschlaggebender als die Güte des Films. Jeder Autor weiß das und nach Treu und Glauben wird er — selbst wenn die Änderungsbefugnis ausnahmsweise nicht vereinbart sein sollte — seine Einwilligung zu nicht einschneidenden Änderungen des Titels nicht versagen können.

Im Verhältnis von Autor zu Unternehmer wird die Titelfrage wegen des Vorherrschens von Vereinbarungen hierüber selten zu Streitigkeiten führen. Wohl aber ist es denkbar, daß von dritter Seite die Rechte des Autors am Titel verletzt werden oder daß durch Benutzung des vom Autor dem Drehbuch und somit dem Film gegebenen Titels in fremde Rechte eingegriffen wird.

Aus diesem Grunde bedarf es einer kurzen Darstellung des Titelschutzproblems. Streitig ist noch heute, ob dem Titel Urheberschutz oder ob ihm Wettbewerbsschutz gebührt. Die insbesondere von Elster (GRuU 1925 S. 146 f.) vertretene, auf seiner Geistesgut-Wettbewerbstheorie fußende Meinung verneint grundsätzlich weder die eine noch die andere Ansicht.

Der Titel eines Werks gehört zu diesem Werk und steht nicht beziehungslos neben ihm. Er ist also ein Teil des Werkes (anderer Meinung Allfeld zu § 9). Auch Teile des Urheberwerks genießen Urheberschutz, wie sich aus § 41 LUG ergibt. Aus dieser Erwägung allein jedoch den urheberrechtlichen Schutz des Werktitels herleiten zu wollen, ist nicht angängig. § 19 LUG z. B. gestattet die Vervielfältigung kleinerer Teile eines Schriftwerks. Es wäre auch unsinnig, wenn man ganz belanglose Alltagssätze nur deshalb urheberrechtlich schützen wollte, weil ein Autor sie einmal in seinem Schriftwerk verwendet hat. Titel bestehen manchmal nur aus ein oder zwei alltäglichen Worten („Wolga-Wolga", „Liebe", „Frühlingsrauschen"). Solche Worte nur deshalb urheberrechtlich schützen zu wollen, weil der Urheber des Schriftwerks sie dem Werk vorangestellt hat, wäre ganz abwegig. Nur in Verbindung mit dem Schriftwerk selbst oder mit solchen Teilen des Schriftwerks, welche selbständige Gedankenträger sind, kann derartigen Titeln Urheberschutz zuerkannt werden.

Anders liegt der Fall, wenn der Titel in sich ein solch eigenartiges Gepräge trägt, daß er selbst Gedankenträger ist (Individualtitel), und daß aus ihm erkenntlich wird, daß der Erfinder des Titels geistig-schöpferische Arbeit auf ihn verwendet hat (Beispiele: „Giftgas über Berlin", „Ein Claque, ein Frack, ein Mädel", „Die keusche Kokotte"). Dann ist man berechtigt, dem Titel als solchem sowohl, wie auch ihm als Schriftwerkteil den Schutz zuzusprechen, der in § 1 LUG dem Urheber eines Schriftwerks gegeben wird (gleicher Ansicht v. a. KG in GRuU 1929/123). Dann hat nämlich der Titel selbst Schriftwerkcharakter. Daß der Rahmen für den Begriff „Schriftwerk" nicht zu eng gespannt werden darf, zeigt sich auch hier wieder. Die dargestellte Ansicht dürfte sich gegenüber der früher herrschenden Meinung, daß Titel Urheberschutz nicht genießen können, durchgesetzt haben. Eckstein (S. 12) nennt die wegen ihrer mangelnden Eigenart urheberrechtlich nicht geschützten Titel sehr kennzeichnend „Freititel". Vom Autor erfundene Eigennamen, als Titel verwendet, können gleichfalls sehr wohl eine geistig-schöpferische Tätigkeit ausweisen. Übrigens ist die Grenze zwischen Freititeln und Individualtiteln oft schwer zu ziehen.

Nach Erwerb des betitelten Drehbuchs ist der Produzent als Urheberberechtigter befugt, gegen Beeinträchtigung des von ihm erworbenen Urheberrechts durch Titelentlehnung vorzugehen. — Indes muß auch dem Autor selbst auf Grund des ihm verbliebenen Persönlichkeitsrechts das Recht zustehen, gegen Titelentlehnung vorzugehen, wenn er dadurch in seiner Künstlerpersönlichkeit verletzt wird. So ist der Fall denkbar, daß sein Titel, oder ein seinem Titel erkennbar nachgebildeter, für ein anderes Werk benutzt wird und daß dadurch der Verdacht erweckt wird, er sei der Verfasser dieses Werkes. Es braucht niemand zu dulden, daß man ihn als den Urheber des Werkes eines anderen hinstellt, selbst dann nicht, wenn das fremde Werk höhere Qualitäten hätte als das eigene.

Titel, welche nicht eigenschöpferisch sind, können gleichwohl Wettbewerbsschutz gem. § 16 UWG genießen, wenn die Verwechslungsmöglichkeit mit einem anderen Werke gleichen oder ähnlichen Titels besteht. § 16 UWG ist nach anerkannter

Ansicht anwendbar, weil das Filmwerk wettbewerbsrechtlich einer Druckschrift gleichzuachten ist. Es kann der Fabrikant, welcher den Film „Liebe“ herausbringt und anpreist, gegen denjenigen auf Unterlassung der Benutzung dieses Titels klagen, welcher nicht lange nach ihm ein inhaltlich vollkommen anderes Filmwerk unter dem Titel „Liebe“ herausbringt.

Das Literaturschutzgesetz ist lex specialis gegenüber dem Wettbewerbsgesetz. Bei Titelstreitigkeiten ist darum zuerst zu prüfen, ob das Literaturschutzgesetz den Titel gegenüber dem anderen Titel schützt. Wird durch Verwendung eines Titels der Urheber des Titels eines anderen Werkes in seinem Urheberrecht verletzt, so braucht auf das Wettbewerbsgesetz nicht erst eingegangen zu werden (lex specialis derogat generali). Haben beide Autoren an ihrem Titel Urheberrecht (z. B. haben beide ohne Entlehnung gleich- oder ähnlich lautende Individualtitel erfunden, sodaß kein Autor das Urheberrecht des anderen verletzt), so entfällt die Anwendbarkeit des Literaturschutzgesetzes und es kann jetzt geprüft werden, ob § 16 UWG in Betracht kommt. Ein Freititel kann einen Individualtitel urheberrechtlich nicht verletzen, wohl aber wettbewerbsrechtlich. Umgekehrt kann auch ein Individualtitel einen Freititel wettbewerbsrechtlich verletzen, da sein urheberrechtlicher Schutz gegenüber dem Freititel nicht in Frage kommen kann. Der als Freititel anzusprechende Titel „Wolga-Wolga“ könnte wettbewerbsrechtlich gegen den als Individualtitel anzusprechenden Titel „Brand an der Wolga“ geschützt werden, wenn sonst die Voraussetzungen des § 16 UWG erfüllt sind.

So ist die Frage, ob dem Filmtitel Schutz nach dem Literaturschutzgesetz oder dem Wettbewerbsgesetz zusteht, nicht nur von theoretischer Bedeutung. Sie ist wesentlich für die Frage der Beweislast, worauf Goldbaum zutreffend hinweist (GRuU 1925 S. 232). Die Anwendbarkeit des Literaturschutzgesetzes enthebt des Beweises der Verwechselungsfähigkeit.

5. Der Anspruch des Filmautors auf Nennung.

Der Anspruch des Drehbuchautors, im Zusammenhang mit seinem Film genannt zu werden, ist persönlichkeitsrechtlicher Natur. Er ergibt sich aus § 9 LUG. Dort steht zwar nicht, daß die Urheberbezeichnung, welche doch regelmäßig im Namen besteht, nicht weggelassen werden darf, sondern es steht nur da, daß „an der Bezeichnung des Urhebers Zusätze, Kürzungen oder sonstige Änderungen" nicht vorgenommen werden dürfen. Schon aus der Fassung dieser Norm ergibt sich, daß das Gesetz als selbstverständlich voraussetzt, daß der Urheber in Verbindung mit dem Werk überhaupt genannt werden muß. Stärker als die hiernach schon verbotene Änderung der Urheberbezeichnung ist deren erst recht unstatthafte Weglassung. Den Anspruch auf Namennennung hat also der Autor stets, gleich ob er Alleinautor oder Mitautor ist. Dieser Anspruch wird ihm auch nicht bestritten, obwohl er mitunter sich seiner im Vertragswege — wie so oft — begibt (s. Anhang). Tatsächlich sieht man immer wieder Filme, aus welchen der Name des Drehbuchautors nicht ersichtlich ist.

Über den Umfang der Namennennungspflicht ist zu sagen, daß der Autor Anspruch auf Nennung auf dem Filmband selbst, aber auch in allen denjenigen Filmreklamen hat, welche mehr als den Titel des Films allein anpreisen. Sind in der Reklame Regisseur und Schauspieler genannt, so muß auch — und eigentlich erst recht — der Autor genannt werden. Die beinahe üblich gewordene Unterdrückung der Autornennung hat zur Folge gehabt, daß seine Tätigkeit heute oft als quantité négligeable angesehen wird. Ob Verträge, durch welche die Hersteller von der Namennennungspflicht befreit werden sollen, nicht sogar als sittenwidrig angesehen werden können, ist durchaus zu erwägen.

6. Die Bearbeitungsbefugnis des Autors am Drehbuch.

In neuerer Zeit werden häufig Drehbuchfabeln dazu benutzt, um sie zu Romanen (oder Dramen) umzuarbeiten. Der Erfolg, den ein weithin bekannt gewordener Film errungen hat, gibt eine gewisse Garantie für Absatz des nach ihm geschriebenen Buches. Ebenso wie ein nach einem Roman geschriebenes Drehbuch dessen Bearbeitung ist, ebenso ist der nach dem Film oder Drehbuch geschriebene Roman eine Bearbeitung des Drehbuchs. Dieses ergibt sich aus der analogen Anwendung des § 12 Z. 3 des Literaturschutzgesetzes, welches an die Möglichkeit der Romanisierung eines Films naturgemäß nicht gedacht hat. Allfeld (S. 32) sieht hierin eine freie Benutzung gem. § 13 LUG, obwohl die Anlehnung des Romans an das Filmwerk eine sehr nahe sein wird, umso mehr als das im Film Dargestellte und vom Publikum Gesehene den Anreiz für die Leser des nach dem Filmwerk geschriebenen Romans geben soll. Eine freie Benutzung zu eigentümlicher Schöpfung wird gerade im Fall der Romanisierung des Filmwerks sehr selten sein. Aus der analogen Anwendung des § 14 Z. 2 LUG ergibt sich sodann, daß der Autor des Drehbuchs ausschließlich zur Bearbeitung des Drehbuchs zum Roman oder Drama befugt ist, und es ist nur zu erwähnen, daß er vertragsmäßig sich dieses Rechtes mitunter begibt. Daß mit Rücksicht auf den Filmungsvertrag auf diesen Fall § 14 Z 5 LUG nicht zutreffen kann, bedarf keiner besonderen Betonung. In Anerkennung des Zweckübertragungsgedankens ist zu bemerken, daß im Zweifel eine Befugnis beim Urheber verblieben ist.

V. Die Rechtsstellung des Tonfilmdrehbuchautors.

Spezialliteratur: Goldbaum „Tonfilmrecht"; in Ufita 1929: Caro S. 111 gelegentlich der Besprechung von Goldbaums Tonfilmrecht; Elster: „Tonbild und Bildfunk" S. 255 f. (grundlegend!); Cahn-Speyer: „Zur Eingliederung des Tonfilms in das Urheberrecht" S. 497 f. In GRuU 1929: Cahn-Speyer: „Über die urherberrechtliche Natur des Tonfilms" S. 543 f. (Diese Abhandlung enthält eine treffende Darstellung der Tonfilmtechnik); Hoffmann: „Über den Tonfilm" S. 1003 f.; Cahn-Speyer „Nachwort zu Hoffmanns ‚Über den Tonfilm'" S. 1006 f.; Kraetzer „Oper und Tonfilm" S. 1007; Ascher „Abtretung sämtlicher Rechte und Vertonfilmungsbefugnis" S. 1166 f. Ferner: Hoffmann im Buchhändler-Börsenblatt 1929 Nr. 46 „Das Recht des Tonbildes". Pracht in den Mitteilungen des Pr. Richtervereins Jahrg. VII Nr. 11. Elster in der Deutschen Allg. Zeitung (DAZ) vom 21. 12. 1929: „Das Urheberrecht bei Film und Tonfilm"; vom 31. Mai 1929: Frank Maraun: „Die Runen des Tonfilmmanuskripts."

Der vorliegende Abschnitt erhebt nicht den Anspruch darauf, die Ansichten über das Tonfilmurheberrecht auch nur einigermaßen erschöpfend darzustellen. Aufgabe soll vielmehr sein, hier auf das Grundsätzliche und voraussichtlich Bleibende hinzuweisen, denn noch ist die einer juristischen Betrachtung zugrunde zu legende technische und wirtschaftliche Entwickelung so im Fluß, daß bei einer Darstellung aller technischen Möglichkeiten und Einzelheiten damit gerechnet werden müßte, daß morgen überholt ist, was heute gilt. Grundsätzliches wird in folgendem zu erblicken sein — soweit die heutige Tonfilmsituation überhaupt einen Schluß auf Künftiges zuläßt:

1. Es muß damit gerechnet werden, daß der tönende Spielfilm die Produktion stummer Filme zum Erliegen bringen wird. Schon heute besteht in Deutschland eine nennenswerte Stummfilmproduktion nicht mehr. Die Verdrängung des Stummfilmes wird gefördert werden durch das an der Tonfilmproduktion interessierte mächtige Elektrokapital, welches die Tonfilmaufnahme- und Wiedergabeapparate liefert. Andrerseits gibt die Tatsache zu denken, daß das an Tonfilmerfahrung reichere Amerika in bescheidenem Umfange wieder stumme Filme produziert. Das letzte Wort spricht das Publikum, welches trotz gewisser bestehender Abneigungen bei Verbesserung der Technik dem Tonfilm den Vorzug geben dürfte.

2. Der nicht hundertprozentige Tonfilm ist ein Übergangsstadium. Die Industrie arbeitet auf den vollkommenen Alltalking-Film (hundertprozentigen Sprech-, Geräusch- und Musikfilm) hin, und dieser wird alle anderen Arten tönender Filme verdrängen.

3. Die Zukunft gehört dem Alltalking-Lichttonfilm[1]), welcher Tonzeichen und Filmbilder auf einem Filmband fixiert und welcher der Schallplatten nicht bedarf. Ihm gegenüber wird der Nadeltonfilm voraussichtlich eine technisch unterlegene Rolle spielen.

4. Die urheberrechtlichen Regeln des stummen Films gelten auch für den Tonfilm.

Die Berechtigung dieser letzten Ansicht gilt es darzustellen, und die Darstellung wird unter dem Gesichtspunkt zu geben sein, daß Tonfilmdrehbuchautor derjenige ist, welcher das drehreife Buch für einen Alltalking-Lichttonfilm geschrieben hat. Ein solches Drehbuch kann von einem Autor geschrieben sein; das wird regelmäßig der Fall sein, wenn keine besondere Musik im Film enthalten ist. Zumeist aber wird außer dem Drehbuchautor, welcher den Gang der Handlung, die vorkommenden Geräusche und die Dialoge im Drehbuch niedergelegt hat, noch ein Komponist treten, welcher die eigens für den Tonfilm verfaßten Lieder geschaffen hat.

Auch hier ist davon auszugehen, daß der Tonfilm so, wie

[1]) Wenigstens in Deutschland!

er sich dem Publikum in Bild und Ton präsentiert, das Ausdrucksmittel des Tonfilmdrehbuchs ist, und daß durch die Tonfilmung eben das Werk der Autoren oder des Autors in die ihm zugedachte Ausdrucksform gebracht wird, ohne daß hierin eine schöpferische Formgebung, als welche Bearbeitung in Frage käme, erblickt werden muß. Erkennt man, daß der Tonfilm in Bild und Ton ein einheitliches Ganzes darstellt, und daß es hier wie stets bei Urheberwerken für die Frage nach dem Autor auf die „Wahrheit der künstlerischen Schöpfung" (Elster S. 109) ankommt, so kann die Antwort nicht schwer fallen; sie müßte ausfallen wie beim stummen Film, daß nämlich regelmäßig der Tonfilmdrehbuchautor Tonfilmautor ist, daß dem Unternehmer das Urheberrecht am Tonfilmwerk vertraglich übertragen ist, daß in besonderen Fällen originäres Miturheberrecht des Regisseurs oder Unternehmers oder evt. alleiniges originäres Urheberrecht des Unternehmers, welcher den Autor fest angestellt hat, denkbar ist. Betrachtet man so den Tonfilm als ein rein kinematographisches Werk, so ergäben sich keine urheberrechtlichen Schwierigkeiten und es gewönne in der Tat nur die Frage einer eventuellen Miturheberschaft von Autor und Komponist größere Bedeutung. In der Praxis würde hier genau so wie beim stummen Film alles Vermögensurheberrecht auf Grund des Filmungsvertrages auf den Unternehmer übergehen.

Die entstandenen Schwierigkeiten haben ihren Ursprung im Sprachbegrifflichen, in der Frage nämlich, ob der tönende Teil des Filmbandes ein „im Wege der Kinematographie oder eines ihr ähnlichen Verfahrens hergestellten Werkes" im Sinne des § 15 a KSchG. ist, oder ob er in seinem Verhältnis zum Drehbuch eine nicht vom Drehbuchautor vorgenommene Bearbeitung gem. § 2 Abs. 2 und § 12 Z. 5 LUG ist. Die Ergebnisse, welche eine Einreihung des Tonfilms im § 2 Abs. 2 und § 12 Z. 5 LUG mit sich brächte, wären befremdlich genug. So wäre der Tonfilm als Ganzes betrachtet teils Bearbeitung, teils eine Art Vervielfältigung, obwohl er das Werk desselben Autors (sofern nur ein Drehbuchautor Verfasser ist) wiedergibt. Sodann wäre das den Ton tragende Filmband eine „Vorrichtung für ein Instrument" und schließlich fände auch § 22 LUG Anwendung, wonach der Autor des Tonbandes jedem Dritten auf Verlangen die Erlaubnis erteilen müßte, sein Werk gleichfalls für den Tonfilm zu verwenden (Zwangslizenz). Daß diese Folgen mit dem Wesen des Tonfilms in offenbarem Widerspruch stehen, bedarf keiner Erörterung. Wenn die Verwendung einer Norm zu einem Resultat führt, das dem Sinne des Ganzen, diese Norm enthaltenden Gesetzes widerstrebt, so liegt darin ein Indiz dafür, daß eine solche Bestimmung zu Unrecht angewendet ist. Nur wenn trotz gewissenhaftester Prüfung die Anwendbarkeit einer solchen Norm nicht zu vermeiden ist, ist man berechtigt, an den Gesetzgeber zu appellieren. Befremdlich müßte es erscheinen, wenn unsere alle Kunstgattungen berücksichtigenden Urhebergesetze nicht in der Lage wären, dem Tonfilm gerecht zu werden, welcher keine künstlerisch neuen Formen, sondern nur technische Besonderheiten eingeführt hat.

§ 2 LUG, welcher mit Recht als dem Sinn des ganzen Literaturschutzgesetzes widersprechend angesehen und als eine Entgleisung des Gesetzgebers bezeichnet wird [1]), schützt auch eine nichtschöpferische künstlerische Leistung. So bedauerlich dies auch sein mag, § 2 ist Gesetz und muß angewendet werden, wenn seine Voraussetzungen zutreffen. Als Ausnahmebestimmung verträgt § 2 Abs. 2 indes nicht eine ausdehnende Interpretation. Beim Lichttonverfahren wird die Tonfixierung auf elektrischem Wege vorgenommen (die Schallwelle erzeugt Lichtänderungen!) und wird gegenständlich in der auf dem Filmband befindlichen Dichteschrift,welche in einer Strichelung verschiedener Helligkeitsgrade besteht. Auf elektrischem, nicht auf mechanischem Wege erfolgt dann auch die Umsetzung der Helligkeitsschwankungen der Dichteschrift in den Ton. Anschaulich beschreibt Cahn-Speyer in GRuU 1929 S. 544 die Lichttonfilmtechnik: „Schematisieren wir den beim Tonfilm vor sich gehenden Prozeß, so erhalten wir: Töne — beeinflußter elektrischer Strom — hierdurch beeinflußte Stärke einer Lichtquelle — photographische Einwirkung ihrer Helligkeitsgrade auf den Film — durch diesen Film ungleichmäßig abgeblendete Lichtquelle — Beeinflussung der elektrischen Leitfähigkeit einer lichtempfindlichen Zelle —hierdurch beeinflußter Strom — hierdurch hervorgebrachte Töne.“

---

[1]) Vgl. Elster GRuU 1928 S. 36 und Goldbaum Urheberrecht S. 50.

Der Lichttonfilmwiedergabeapparat müßte im Falle der Anwendbarkeit von § 2, Abs. 2 und § 12, Ziffer 5 LUG ein Instrument sein, das der mechanischen Wiedergabe für das Gehör dient. An welche Art von Instrumenten der Gesetzgeber gedacht hat, erhellt aus § 12, Z. 5 LUG, welcher als Beispiele von Vorrichtungen für solche Instrumente nennt: Scheiben, Platten, Walzen, Bänder. Typisch ist, daß in solchen Fällen das Instrument mechanisch, körperlich auf die Vorrichtung einwirkt, wie es z. B. die Grammophonnadel auf die Platte, die Stiftwalze auf die Spieluhr tut. Beim Lichttonfilm aber haben wir es gerade nicht mit einer solchen mechanischen körperlichen Einwirkung des Wiedergabeapparates auf das Tonfilmband zu tun. Nach Goldbaum (Tonfilmrecht S. 19) erfolgt die Übertragung „vielmehr durch Licht, Elektrizität, Magnetismus. Die photoelektrische Zelle ist in ihrer Materie und ihrer Kräfteauswirkung keine Mechanik und ist mit keinem Bestandteil mechanisch-musikalischer Instrumente vergleichbar.“

Schon aus dieser technischen Erwägung folgt, daß die §§ 2, Abs. 2, 12 Z. 5, 22—24 (gegen Monopolbildung in der Grammophonindustrie!) LUG auf den Lichttonfilm weder direkt noch analog (Ausnahmebestimmungen!) angewendet werden können. Mit diesem Ergebnis steht im Einklang folgende Erwägung: Genau wie beim stummen Film ist das Tonfilmdrehbuch einzig und allein zum Zwecke der Tonfilmung geschrieben. Es ist ein Werk der Literatur, z. T. evt. ein solches der Tonkunst, weil es die Noten der Tonfilmlieder enthalten kann. Wäre die Fixierung durch Tonfilmung eine Bearbeitung i. S. des § 12 Z. 5 LUG, so könnte das Werk sein ihm zugedachtes Ausdrucksmittel (ohne das es zwar Literaturwerk bleibt, nicht aber seinen Zweck, auf andere zu wirken, erfüllen kann) nur durch eine weitere urheberschaftliche Tätigkeit erlangen. Das widerspricht aber dem Wesen des drehreifen Buches als einer selbständigen künstlerischen Schöpfung, wie es oben dargestellt worden ist. Ebensowenig wie man § 12 Z. 6 auf die Filmung des drehreifen Stummfilmbuchs anwenden kann, ebenso wenig kann man § 12 Z. 5 auf den Tonfilm anwenden.

Die bisherige Erörterung hat nur gezeigt, unter welchen Gesichtspunkten man den Tonfilm nicht werten darf. Jetzt wird darzustellen sein, daß der Tonfilm grundsätzlich nach den gleichen Regeln zu behandeln ist, welche für den stummen Film Geltung haben. Ausdrücklich wird an dieser Stelle nochmals auf Elsters grundlegende Abhandlung in Ufita 1929 S. 255 f. („Tonbild und Bildfunk") verwiesen, in welcher die Ansicht vertreten wird, daß auch der die Tonfixierung enthaltende Teil des Filmstreifens einem Werk der Kinematographie gleichzuachten ist.

15 a KSchG als sedes materiae für den Urheberschutz des Films spricht von einem „im Wege der Kinematographie oder eines ihr ähnlichen Verfahrens" hergestellten Werke, welches gegen bildliche Wiedergabe in geänderter Gestaltung geschützt wird. Ist nun der tönende Teil des Filmbandes — sofern man nicht annehmen will, daß er im Wege der Kinematographie hergestellt ist — wenigstens im Wege eines der Kinematographie ähnlichen Verfahrens hergestellt?

§ 15 a ist im Jahre 1910 dem Kunstschutzgesetz eingefügt worden, zu einer Zeit also, in welcher der Tonfilm als etwas praktisch Verwertbares noch nicht bekannt war und in welcher man, wie noch bis vor kurzem, unter „Film" nur den Vermittler visueller Eindrücke verstand. Daher ist es verständlich, daß § 15 a KSchG die bildliche Wiedergabe schützen will. Das technisch Verblüffende bei der Erfindung des Films war die Lebendigmachung von Photographien. Als der Film das Stadium einer technischen Spielerei überschritten hatte und bis zum Spielfilm vorgerückt war, mußte die Tendenz der filmtechnischen Entwicklung dahin gehen, die lebenden Filmbilder noch um weitere Grade lebendiger zu gestalten, d. h. den bis dahin stummen, farblosen und unplastischen Film zum sprechenden, farbigen und plastischen zu entwickeln. Der erste Schritt zur weiteren Lebendigmachung ist nun getan, der Tonfilm ist erfunden. Es ist nur eine Frage der Zeit, daß der Film auch farbig und plastisch werden wird. Bereits im Jahre 1910 war es gleichfalls nur eine Frage der Zeit, wann der Film sprechend werden würde. Die Klage der Kinobesucher hat bis zur Einführung des Tonfilms stets dem lästigen Titellesen und der Tatsache gegolten, daß auf der Leinwand sprechende und musizierende Schauspieler für das Publikum nicht hörbar waren. Das will besagen, daß bald nach Erfindung des Films, jedenfalls aber schon im Jahre 1910, die Erfindung des Tonfilms, an welcher bereits gearbeitet wurde, in der Luft lag. Daß zu jener Zeit also dem Gesetzgeber die Möglichkeit des Tonfilms etwas ganz Unfaßbares oder Unvorstellbares gewesen sein könnte, muß bestritten werden. Die Einfügung der Worte „der Kinematographie ähnlichen Verfahrens" deutet darauf hin, daß der Gesetzgeber mit technischen Fortschritten gerechnet hat und daß er dem im Film zu erwartenden Neuen seine gesetzliche Bleibe schon im Voraus geschaffen hat. Ein der Kinematographie ähnliches Verfahren hat es 1910 nicht gegeben, jedenfalls nicht ein solches, durch welches Spielfilme herstellbar waren. Daß § 15a KSchG nur von bildlicher Wiedergabe spricht, ist nur natürlich, denn Einzelheiten zu erwartender technischer Neuerungen konnte der Gesetzgeber nicht fixieren. Das Bild wird stets das wichtigste Element des Films bleiben.

Diese Erwägungen können freilich höchstens die noch zu begründende Möglichkeit einer Anwendung des § 15a KSchG auch auf den Tonfilm unterstützen und können darauf hinweisen, daß es nicht aus aller Welt liegt, wenn man den Tonfilm schlechthin unter die Kategorie „Film" bringt.

Als besonders wesentlich für den Film ist es stets angesehen worden, daß er in photographierter Form in Erscheinung tritt, ja, daß er äußerlich lediglich eine Photographienfolge darstellt. Da der Film sich im Visuellen erschöpfte, ist dieses klar. Das würde aber nicht verbieten, den Film heute anders aufzufassen, den Begriff zu erweitern und den juristischen Charakter als Film gleichwohl anzuerkennen. Überdies hat der Vorgang der Tonfixierung Verwandtschaft mit dem der Bildfixierung. Die Bildfixierung durch Photographie erfolgt durch Lichteinwirkung auf ein hierfür empfindliches Material; die Bildaufzeichnung auf dem Negativ und Positiv stellt sich dar als ein Kontrastieren von Hell und Dunkel. Entsprechendes gilt für die Tonaufzeichnung. Auch sie stellt sich dar als die Fixierung von Helligkeitsschwankungen auf dem Filmband. Man spricht darum nicht mit Unrecht von dem „Tonbild", der den Ton aufnehmenden „Tonkamera" und der „Photographie des Tons".

Überhaupt stützt der Sprachgebrauch, welcher sich im Anschluß an die Tonfilmerfindung schnell entwickelt hat, die hier vertretene Ansicht, daß der Tonfilm (Bild plus Ton) als ein

Werk der Kinematographie anzusehen ist. Mag ihm für juristische Wertungen auch keine entscheidende Bedeutung zukommen, unterschätzen soll man den Sprachgebrauch nicht, weil er die ursprüngliche Ansicht der Allgemeinheit ausdrückt, welche in Gesetzen gemeinhin ihren Niederschlag zu finden pflegt. Spricht man vom Tonfilm, so meint man nicht nur einen Teil des Films, nämlich den tönenden, sondern man versteht darunter ein Ganzes, den Film in Bild und Ton, und man kommt nicht auf den Gedanken, etwa der Trennung des akustischen und des visuellen Teils. Beides zusammen ist eben „der Film", Tonfilm zwar, aber doch Film und nicht etwa ein Film plus einem nicht als Film zu bezeichnenden Mehr. Diese Betrachtung des Tonfilms als etwas Einheitliches führt auch zu der Erkenntnis, daß der Film ein einheitliches Urheberwerk ist und daß eine gesonderte rechtliche Betrachtung des nur tönenden Teils des Filmstreifens nicht angeht. Wollte man den tönenden Teil des Filmbandes vom Bildteil trennen und beide Teile gesondert vorführen, so ergäbe sich beim hundertprozentigen Tonfilm, daß jede Einzelvorführung einen Torso zum Gegenstand hätte und man würde erkennen, daß tönender Teil und optischer Teil so eng zusammengehören, daß nur durch ein Ineinandergreifen der beiden Teile das Urheberwerk veranschaulicht werden kann. Die enge Zusammengehörigkeit von Bild und Ton ergibt sich sodann daraus, daß beide im gleichen Augenblick fixiert und beide im gleichen Augenblick wiedergegeben werden. Wenn man sich vorstellt, daß die Leistung des Tonfilmschauspielers in derselben Szene Bearbeitung des Drehbuchs sein soll soweit das gesprochene Wort betrachtet wird, daß seine über das Sprechen hinausgehende schauspielerische Leistung aber als eine Art Vervielfältigung der Drehbuchszene angesehen werden muß, so wird ersichtlich, daß Ton und Bild im Tonfilm auch bei rechtlicher Würdigung nicht ohne Rücksicht auf die Untrennbarkeit von einander betrachtet werden dürfen. Äußerlich schon zeigt sich diese Zusammengehörigkeit in der Fixierung von Ton und Bild auf ein und demselben Filmstreifen.

So erhalten wir als Ergebnis der obigen Erörterungen, daß der Tonfilm als ein einheitliches kinematographisches Werk zu betrachten ist und daß auf ihn in vollem Umfange die Grundsätze des Filmurheberrechts [1]) Anwendung finden [2]). Originärer Autor des Tonfilms ist grundsätzlich sein Drehbuchautor, derivativ urheberberechtigt ist der Unternehmer.

Enthält das Drehbuch Melodien, so ist es ein aus Schriftwerk und Tonkunstwerk zusammengesetztes Werk und auch das Tonwerk ist dem Drehbuch zu eben dem Zweck der Tonfilmung eingefügt. § 5 LUG findet dann grundsätzlich Anwendung, aber der Wille von Tonwerk- und Schriftwerk-Autor wird zumeist darauf ausgehen, ein gemeinschaftliches Miturheberwerk zu schaffen und so die Regelung des § 5 LUG auszuschließen (s. Goldbaum Urheberrecht zu § 5). Praktisch spielt das keine erhebliche Rolle, weil beide Urheberrechte der Tonfilmung vom Unternehmer erworben werden.

Daß auch das Urheberrecht am Tonkunstwerk des Komponisten regelmäßig (mangels anderweitiger Abrede) nur zum Zweck der Tonfilmung übertragen wird, ist zu beachten.

Dann bleibt dem Komponisten nämlich das Recht, über sein Werk zu anderen Zwecken als denen einer Tonfilmung zu verfügen (Aufführung seines Tonkunstwerkes in Konzerten z. B.).

Praktische Schwierigkeiten werden sich gerade bezüglich der Rechte und Pflichten von Tonfilmautoren weniger häufig ergeben als beim stummen Film, denn mit Rücksicht auf die rechtlich noch höchst unsichere Tonfilmsituation werden die Unternehmer eine bis ins einzelne gehende vertragliche Regelung aller wichtigen Punkte vornehmen (vgl. die im Anhang von Goldbaums „Tonfilmrecht" abgedruckten Vertragsentwürfe).

---

[1]) Die Wiedergabe auch des tönenden Teils ist demnach „Vorführung" und nicht Aufführung. Elster weist mit Recht darauf hin, daß die Tonfilmung der schon erfolgten Aufführung im mechanischen Wege der „Vorführung" reproduziert wird.

[2]) S. Elster in DAZ vom 21. 12. 1929.

VI. Anhang.

Normativbestimmungen für Manuskriptverträge.

Die Abnahme der Manuskripte erfolgt durch eine ausdrückliche schriftliche Erklärung der Firma.

Alle Urheberrechte an dem Manuskript einschließlich des Verfilmungs-, Übersetzungs- und Vertriebsrechtes gehen mit der Entstehung auf die Firma über.

Autor steht dafür ein, daß das von ihm hergestellte Manuskript einschließlich des Titels in keiner Weise gegen das Urheber- oder sonstige Recht eines Dritten verstößt, soweit ihm Stoff und Titel nicht von der Firma angegeben sind.

Autor ist verpflichtet, auf Verlangen der Firma das Manuskript ohne besondere Vergütung abzuändern und zu vervollständigen.

Autor ist verpflichtet, die Firma bezw. deren Rechtsnachfolger bei der gerichtlichen oder außergerichtlichen Geltendmachung ihrer Rechte durch Rat und Tat zu unterstützen, ihr namentlich alle erforderlichen Auskünfte zu erteilen, die notwendigen Unterlagen zur Verfügung zu stellen und etwa notwendige Rechtsabtretungen zu bewirken.

Die Firma ist berechtigt, die kinematographische Bearbeitung des Manuskriptes nach eigenem Ermessen vorzunehmen und geschäftlich zu verwerten.

Sie hat völlig freie Hand bezüglich der kurbelfertigen Ausarbeitung des Manuskriptes und der Betitelung, ohne daß der Autor einen Einspruch gegen Titel, Form oder Inhalt des Films erheben kann.

Eine Verpflichtung, den Film innerhalb einer bestimmten Frist oder überhaupt herzustellen, liegt der Firma nicht ob. Auch bei Nichtherstellung des Films stehen dem Autor keine weiteren als die vereinbarten Rechte zu.

Die Firma kann über die von ihr erworbenen Rechte beliebig, insbesondere auch durch Weiterübertragung an Dritte, verfügen und das Verfilmungsrecht auch mehrmals ausüben. Die Firma hat in dem Film, in dessen Ankündigungen und in der sonstigen Propaganda für denselben tunlichst auf die Mitarbeit des Autors hinzuweisen.

Zur Bearbeitung des Manuskriptes oder des zugrunde lie-

genden Stoffes für andere Zwecke als für den Film, insbesondere zu Bearbeitungen, in dramatischer oder erzählender Form und zum öffentlichen Vortrag dieser Bearbeitungen, ist der Autor nur mit vorheriger Einwilligung der Firma berechtigt.

Ausschließlicher örtlicher Gerichtsstand für alle Streitigkeiten aus dem Vertrag ist Berlin-Mitte. Anzuwenden ist ausschließlich deutsches Recht.

Alle Abänderungen und Ergänzungen des Vertrages bedürfen zu ihrer Gültigkeit der Schriftform.

Normal-Manuskriptvertrag

Im Einverständnis mit der Spitzenorganisation der Deutschen Filmindustrie bearbeitet und herausgegeben von dem Verband der Filmindustriellen e. V.

Hierdurch mache(n) $\frac{\text{ich}}{\text{wir}}$ Ihnen ein Angebot für den nachstehenden

Vertrag

I. Auf Grund wiederholter Besprechungen verpflichte(n) $\frac{\text{Ich mich}}{\text{wir uns}}$ zur Ausarbeitung eines kurbelfertigen Manuskriptes nach

dem Roman, der Novelle, der Erzählung ....

dem Bühnenstück ....

eigenem Entwurfe ....

von ....

Die Ablieferung des Manuskripts hat spätestens am .... zu erfolgen. Abnahme und Billigung des Manuskripts erfolgt durch ausdrückliche schriftliche Erklärung.

$\frac{\text{Ich bin,}}{\text{Wir sind}}$ auch nach Fertigstellung des Films, auf Ihren Wunsch verpflichtet, das Manuskript entsprechend Ihren Anforderungen ohne besondere Vergütung abzuändern und nachzubessern.

Mitarbeiter dürfen von $\frac{\text{mir}}{\text{uns}}$ nur mit Ihrer vorherigen ausdrücklichen Einwilligung hinzugezogen werden. Mangels anderweitiger Vereinbarung mit Ihnen geht die Hinzuziehung von Mitarbeitern lediglich zu $\frac{\text{meinen}}{\text{unseren}}$ Lasten;

$\frac{\text{ich bin}}{\text{wir sind}}$ in einem solchen Falle verpflichtet, Sie von allen etwaigen Ansprüchen, die Mitarbeiter gegen Sie stellen sollten, zu befreien. $\frac{\text{Ich}}{\text{wir}}$ übernehme(n) es, Mitarbeiter zu dem schriftlichen Anerkenntnis zu verpflichten, daß ihnen ein Anspruch auf irgendwelche Nennung des Namens nicht zusteht.

II. Als Gegenwert für $\frac{\text{meine}}{\text{unsere}}$ Arbeit — im folgenden kurz „Werk" genannt — erhalte(n) $\frac{\text{ich}}{\text{wir}}$ von Ihnen den Betrag von .... RM., die wie folgt fällig sind:

a) .... bei Vertragsabschluß;

b) .... bei Vollendung der Hälfte des Manuskriptes;

c) .... bei Vollendung des ganzen Manuskriptes;

d) .... am 1. Drehtag.

Der Restbetrag in Höhe von .... RM. ist bei Abnahme des Werkes fällig.

III. Alle an dem von $\frac{\text{mir}}{\text{uns}}$ auf Grund dieses Vertrages hergestellten Werke überhaupt bestehenden Rechte, welcher Art sie auch immer sind, gehen mit der Entstehung auf Sie über. Das gilt insbesondere für das Urheberrecht an diesem Werke einschließlich des Verfilmungs- und Übersetzungsrechtes und der Tonfilmbefugnis.

Sie sind berechtigt, über die Ihnen hiermit übertragenen Rechte, insbesondere durch Weiterübertragung an Dritte, frei zu verfügen und beliebig oft durch Herstellung von Filmen oder Tonfilmen oder einer Mischung von beiden zu verwerten.

IV. $\frac{\text{Ich}}{\text{wir}}$ persönlich stehe(n) dafür ein, daß das von $\frac{\text{mir}}{\text{uns}}$ — und $\frac{\text{meinen}}{\text{unseren}}$ Mitarbeitern — hergestellte Werk einschließlich des Titels in keiner Weise gegen das Urheberrecht oder gegen sonstige Rechte eines Dritten verstößt.

Für den Fall eines Verstoßes hiergegen unterwerfe(n)

$\frac{\text{ich mich}}{\text{wir uns}}$, unbeschadet Ihrer etwa weitergehenden Schadenersatzansprüche, einer Konventionalstrafe bis zur doppelten Höhe des für $\frac{\text{mein}}{\text{unser}}$ Werk vereinbarten Entgeltes, mindestens aber in Höhe von .... RM. Sie sind in einem solchen Falle berechtigt, neben der Vertragsstrafe Erfüllung der von $\frac{\text{mir}}{\text{uns}}$ vertraglich übernommenen Leistung zu fordern oder vom Vertrage zurückzutreten.

$\frac{\text{Ich}}{\text{Wir}}$ persönlich verpflichte(n) $\frac{\text{mich}}{\text{uns}}$, Sie bezw. Ihre Rechtsnachfolger bei der gerichtlichen oder außergerichtlichen Geltendmachung der von $\frac{\text{mir}}{\text{uns}}$ erworbenen Rechte durch Rat und Tat zu unterstützen, namentlich auch Auskünfte zu erteilen, die notwendigen Unterlagen zur Verfügung zu stellen und etwa hierzu notwendig werdende Abtretungen von Rechten an Sie vorzunehmen.

$\frac{\text{Ich}}{\text{wir}}$ persönlich verpflichte(n) $\frac{\text{mich}}{\text{uns}}$, in den Ländern, in denen durch die Entstehung eines Werkes nicht bereits ein Schutz besteht, unverzüglich alles zu tun, um den Schutz des Werkes — wie beispielsweise in den Vereinigten Staaten von Nordamerika durch Anmeldung des Copyright, Einreichung des Werkes usw. — zu erwirken und die Firma auf ihr Verlangen bei der Erwirkung dieser Rechte auf ihren Namen zu unterstützen. Ferner verpflichte(n) $\frac{\text{ich mich}}{\text{wir uns}}$ alles zu tun, um eine Verlängerung der Schutzfrist in den Staaten, in denen die Schutzfrist verlängert werden kann, zu erwirken, in Deutschland durch Anmeldung zur Eintragsrolle (vgl. § 31 des Gesetzes betr. das Urheberrecht an Werken der Literatur und der Tonkunst vom 19. Juni 1901).

V. Sie sind berechtigt, die kinematographische und tonfilmmäßige Bearbeitung nach eigenem Ermessen vorzunehmen und geschäftlich zu verwerten.

Sie haben völlig freie Hand bezüglich der kurbelfertigen Ausarbeitung, ohne daß $\frac{\text{mir}}{\text{uns}}$ oder $\frac{\text{meinen}}{\text{unseren}}$ Erben irgendein Einspruch gegen Form und Inhalt des durch Sie zur Herstellung gelangenden Filmes, des Propagandamaterials und dergleichen mehr zusteht.

Sie sind nicht verpflichtet, den Film innerhalb einer bestimmten Zeit oder überhaupt herzustellen. Sie sind berechtigt, den Titel allein ohne das Werk zu benutzen.

Irgendeine Verpflichtung darüber, ob bezw. wie Sie den Film benennen und ob bezw. wie oder wo Sie den/die Namen des Verfassers/der Verfasser oder etwaiger Mitarbeiter erwähnen, übernehmen Sie nicht.

VI. Eine Veröffentlichung des kurbelfertigen Manuskripts (Drehbuch) darf ohne Ihre vorherige ausdrückliche Einwilligung erst dann vorgenommen werden, wenn vom Tage der Berliner/..................... Uraufführung bis zum Zeitpunkt der Veröffentlichung mindestens .... volle Wochen/Monate/Jahre verstrichen sind.

Das gleiche gilt für die Veröffentlichung jeder anderweitigen Bearbeitung des Drehbuches oder des dem Drehbuch zugrunde liegenden Stoffes, insbesondere dann, wenn es sich um einen Roman oder ein Bühnenstück handelt, der bezw. das nach diesem Manuskript oder unter Verwendung desselben verfaßt worden ist.

Bei allen Ankündigungen dieser vorerwähnten Werke und in den Werken selbst muß darauf hingewiesen werden, daß dieselben nach dem von Ihnen verfilmten Drehbuch bzw. unter Benutzung des dem Drehbuch zugrunde liegenden Stoffes verfaßt sind, bzw. daß dies das Drehbuch des von Ihnen hergestellten Filmes ist. Ferner muß ausdrücklich vermerkt sein, daß das Verfilmungsrecht und die Tonfilmbefugnis einzig und allein Ihnen zusteht.

VII. Alle Änderungen und Ergänzungen dieses Vertrages bedürfen zu ihrer Gültigkeit der Schriftform. Nebenabreden sind nicht getroffen.

Für die Auslegung dieses Vertrages gilt deutsches Recht.

VIII. Alle Streitigkeiten aus diesem Vertrage werden unter Ausschluß des ordentlichen Rechtsweges von einem Schiedsgericht entschieden. Bis zur Entscheidung des Schiedsgerichtes habe(n) $\frac{\text{ich}}{\text{wir}}$ — als auch $\frac{\text{mein}}{\text{unser}}$ Vollmachtgeber — in vollem Umfange $\frac{\text{meine}}{\text{unsere}}$ vertraglichen Verpflichtungen in jedem Falle zu erfüllen.

Das Schiedsgericht wird gebildet aus einem Obmann und je einem von jeder Partei zu ernennenden Schiedsrichter. Befinden sich auf einer Seite mehrere Personen und einigen sich diese nicht auf eine geringere Anzahl von Schiedsrichtern oder auf *einen* Schiedsrichter, so kann die Gegenseite ebensoviel Schiedsrichter ernennen wie die ihr gegenüberstehende Partei. Soweit sie aber von diesem Rechte keinen Gebrauch macht, hat ihr Schiedsrichter ebensoviel Stimmen, wie die Schiedsrichter der Gegenpartei zusammen haben. Der Obmann und sein Vertreter müssen die Befähigung zum Richteramt besitzen. Sie werden vom Verband der Filmindustriellen e. V. ein für allemal bestellt.

Das Verfahren wird durch Anrufung des Obmannes in Gang gesetzt.

Die Anrufung erfolgt durch Zustellung einer Klageschrift in vier Exemplaren. Sind mehr als ein Beklagter vorhanden, so erhöht sich die Zahl der Exemplare entsprechend.

Der Obmann kann in den ihm geeignet erscheinenden Fällen und muß auf Antrag der betreibenden Partei unverzüglich einen Sühnetermin vor dem Obmann allein anberaumen. Erscheint in dem Sühnetermin eine der Parteien trotz Ladung nicht oder scheitert der Versuch der Sühne oder findet eine Sühneverhandlung überhaupt nicht statt, so haben beide Parteien dem Obmann binnen drei Tagen nach Eingang der diesbezüglichen Aufforderung des Obmannes ihre Schiedsrichter zu benennen. Der Obmann ist befugt, in Ausnahmefällen die dreitägige Frist angemessen zu verlängern.

Läßt die betreibende Partei die Frist ungenutzt verstreichen, so gilt die Klage als zurückgenommen.

Läßt die beklagte Partei die Frist ungenutzt verstreichen, so geht das Recht auf Ernennung ihres Schiedsrichters auf die betreibende Partei über. Der ernannte Beisitzer muß den Anforderungen des nachfolgenden Absatzes entsprechen.

Die Zusammensetzung des Schiedsgerichts richtet sich nach § 93 des Arbeitsgerichtsgesetzes vom 23. 12. 1926. Der Schiedsrichter von Ihrer Seite muß dem Verbande der Filmindustriellen angehören. Der Schiedsrichter von $\frac{\text{meiner}}{\text{unserer}}$ Seite — als auch von seiten $\frac{\text{meines}}{\text{unseres}}$ Vollmachtgebers — muß Filmautor sein.

Für den Fall, daß aus irgendeinem Grunde ein von dem Schiedsrichter gefällter Schiedsspruch aufgehoben wird, wird vereinbart, daß auch für das weitere Verfahren das vorstehend geregelte Schiedsgerichtsverfahren unter Ausschluß des ordentlichen Rechtsweges bestehen bleiben soll.

Die Gebühren des Schiedsgerichts regeln sich nach den Bräuchen der Berliner Industrie- und Handelskammer, solange nicht der Verband der Filmindustriellen eine eigene Gebührenordnung aufstellt, die dann maßgebend ist.

Für den Sühnetermin erhält der Obmann nur die Hälfte der normalen Obmannsgebühr, die jedoch auf die Obmannsgebühr des etwaigen späteren Verfahrens angerechnet wird.

Das Schiedsgericht tagt in Berlin.

Zuständiges Gericht im Sinne des § 1045 der Zivilprozeßordnung ist ausschließlich das Arbeitsgericht Groß-Berlin.

Die Vertretung vor dem Schiedsgericht durch Anwälte ist zulässig.

An vorstehendes Angebot halte(n) $\frac{\textit{ich mich}}{\textit{wir uns}}$ *bis zum* .... *gebunden.*

Hochachtungsvoll

Hier abtrennen!

....

.............................., den .... 19 ....

An

....

....

Das uns mit Schreiben vom ....
durch Sie gemachte Vertragsangebot nehmen wir hiermit an.

Hochachtungsvoll

Normalvertrag über den Erwerb eines Weltverfilmungsrechtes

Im Einvernehmen mit der Spitzenorganisation der Deutschen Filmindustrie bearbeitet und herausgegeben von dem Verband der Filmindustriellen e. V.

..............................., den................................19..........

Hierdurch mache(n) $\frac{\text{ich}}{\text{wir}}$ — namens und in Vollmacht

des Schriftstellers..
— Ihnen ein Angebot für den nachstehenden

Vertrag

I. $\frac{\text{Ich}}{\text{Wir}}$ übertrage(n) Ihnen — namens und in Vollmacht

des Schriftstellers ....
— das alleinige und ausschließliche, zeitlich und örtlich unbeschränkte Weltverfilmungsrecht, auch für den Tonfilm, an dem Werke (Roman, Novelle, Erzählung, Bühnenstück) .... zur kinematographischen und tonfilmmäßigen Verwertung. Dieses Werk ist verfaßt

1. von $\frac{\text{mir}}{\text{uns}}$ — von dem vorgenannten Schriftsteller — nach eigener Erfindung

2. von $\frac{\text{mir}}{\text{uns}}$ — von dem vorgenannten Schriftsteller — unter Benutzung des Werkes ....

.... von ....

Dies ist geschehen mit Erlaubnis des Inhabers des Urheberrechtes an dem vorerwähnten Werke.

Das Werk ist am .... im Verlage von .... erschienen. Das Copyright für die Vereinigten Staaten von Nordamerika ist am .... erteilt.

Sie sind berechtigt, über die Ihnen hiermit übertragenen Rechte, insbesondere durch Weiterübertragung an Dritte, frei zu verfügen und beliebig oft auf Grund der Ihnen übertragenen Rechte einen neuen Film oder Tonfilm oder eine Mischung von beiden herzustellen.

II. $\frac{\text{Ich}}{\text{Wir}}$ — als auch $\frac{\text{mein}}{\text{unser}}$ Vollmachtgeber — persönlich stehe(n) dafür ein, daß das Ihnen übertragene Recht einschließlich des Titels in keiner Weise gegen das Urheberrecht oder gegen sonstige Rechte eines Dritten verstößt und daß es in allen Staaten, in denen das Werk schützbar ist, geschützt ist.

$\frac{\text{Ich}}{\text{Wir}}$ — als auch $\frac{\text{mein}}{\text{unser}}$ Vollmachtgeber — persönlich verpflichte(n) $\frac{\text{mich}}{\text{uns}}$, in den Staaten, in denen ein derartiger Schutz zur Zeit nicht besteht, auf $\frac{\text{meine}}{\text{unsere}}$ Kosten diesen unverzüglich durchzusetzen, sobald die Möglichkeit hierzu eintritt.

$\frac{\text{Ich}}{\text{Wir}}$ — als auch $\frac{\text{mein}}{\text{unser}}$ Vollmachtgeber — persönlich verpflichte(n) $\frac{\text{mich}}{\text{uns}}$, Sie bzw. Ihre Rechtsnachfolger bei der gerichtlichen oder außergerichtlichen Geltendmachung der von $\frac{\text{mir}}{\text{uns}}$ erworbenen Rechte durch Rat und Tat zu unterstützen, namentlich auch Auskünfte zu erteilen, die notwendigen Unterlagen zur Verfügung zu stellen und etwa hierzu notwendig werdende Abtretungen von Rechten an Sie vorzunehmen.

III. Sie sind berechtigt, die kinematographische oder tonfilmmäßige Bearbeitung nach eigenem Ermessen vorzunehmen und geschäftlich zu verwerten.

Sie haben völlig freie Hand bezüglich der kurbelfertigen Ausarbeitung, ohne daß mir/uns — oder meinem/unserem Vollmachtgeber — oder meinen/unseren Erben — irgendein Einspruch gegen Form und Inhalt des durch Sie zur Verfilmung gelangenden Filmes, des Propagandamaterials und dergleichen mehr zusteht.

Sie sind nicht verpflichtet, den Film innerhalb einer bestimmten Zeit oder überhaupt herzustellen. Im Falle der Nichtherstellung des Filmes stehen mir/uns — oder meinem/unserem Vollmachtgeber — oder meinen/unseren Erben — keinerlei Ansprüche auf Schadenersatz oder Rückgewähr des übertragenen Weltverfilmungsrechtes zu. Sie sind berchtigt, den Titel allein ohne das Werk zu benutzen.

IV. Als Gegenwert für die Ihnen von mir/uns übertragenen Rechte und die von mir/uns — und meinem/unserem Vollmachtgeber — übernommenen Verpflichtungen erhalte(n) ich/wir von Ihnen den Betrag von

.... RM,

die wie folgt fällig sind

....

....

....

....

Durch diesen Betrag sind auch etwaige Neuverfilmungen, einschließlich solcher tonfilmmäßiger Art bereits mit abgegolten.

V. Alle Änderungen und Ergänzungen dieses Vertrages bedürfen zu ihrer Gültigkeit der Schriftform. Nebenabreden sind nicht getroffen.

Für die Auslegung dieses Vertrages gilt deutsches Recht.

VI. Alle Streitigkeiten aus diesem Vertrage werden unter Ausschluß des ordentlichen Rechtsweges von einem Schiedsgericht entschieden. Bis zur Entscheidung des Schiedsgerichtes habe(n) $\frac{\text{ich}}{\text{wir}}$ — als auch $\frac{\text{mein}}{\text{unser}}$ Vollmachtgeber — in vollem Umfange $\frac{\text{meine}}{\text{unsere}}$ vertraglichen Verpflichtungen in jedem Falle zu erfüllen.

Das Schiedsgericht wird gebildet aus einem Obmann und je einem von jeder Partei zu ernennenden Schiedsrichter. Befinden sich auf einer Seite mehrere Personen und einigen sich diese nicht auf eine geringere Anzahl von Schiedsrichtern oder auf *einen* Schiedsrichter, so kann die Gegenseite ebensoviel Schiedsrichter ernennen wie die ihr gegenüberstehende Partei. Soweit sie aber von diesem Rechte keinen Gebrauch macht, hat ihr Schiedsrichter ebensoviel Stimmen, wie die Schiedsrichter der Gegenpartei zusammen haben. Der Obmann und sein Vertreter müssen die Befähigung zum Richteramt besitzen. Sie werden vom Verband der Filmindustriellen e. V. ein für allemal bestellt.

Das Verfahren wird durch Anrufung des Obmannes in Gang gesetzt.

Die Anrufung erfolgt durch Zustellung einer Klageschrift in vier Exemplaren. Sind mehr als ein Beklagter vorhanden, so erhöht sich die Zahl der Exemplare entsprechend.

Der Obmann kann in den ihm geeignet erscheinenden Fällen und muß auf Antrag der betreibenden Partei unverzüglich einen Sühnetermin vor dem Obmann allein anberaumen. Erscheint in dem Sühnetermin eine der Parteien trotz Ladung nicht oder scheitert der Versuch der Sühne oder findet eine Sühneverhandlung überhaupt nicht statt, so haben beide Parteien dem Obmann binnen drei Tagen nach Eingang der diesbezüglichen Aufforderung des Obmannes ihre Schiedsrichter zu benennen. Der Obmann ist befugt, in Ausnahmefällen die dreitägige Frist angemessen zu verlängern.

Läßt die betreibende Partei die Frist ungenutzt verstreichen, so gilt die Klage als zurückgenommen.

Läßt die beklagte Partei die Frist ungenutzt verstreichen, so geht das Recht auf Ernennung ihres Schiedsrichters auf die betreibende Partei über. Der ernannte Beisitzer muß den Anforderungen des nachfolgenden Absatzes entsprechen.

Die Zusammensetzung des Schiedsgerichts richtet sich nach § 93 des Arbeitsgerichtsgesetzes vom 23. 12. 1926. Der Schiedsrichter von Ihrer Seite muß dem Verbande der Filmindustriellen angehören. Der Schiedsrichter von $\frac{\text{meiner}}{\text{unserer}}$ Seite — als auch von seiten $\frac{\text{meines}}{\text{unseres}}$ Vollmachtgebers — muß ein berufsmäßiger Schriftsteller sein.

Für den Fall, daß aus irgendeinem Grunde ein von dem Schiedsrichter gefällter Schiedsspruch aufgehoben wird, wird vereinbart, daß auch für das weitere Verfahren das vorstehend geregelte Schiedsgerichtsverfahren unter Ausschluß des ordentlichen Rechtsweges bestehen bleiben soll.

Die Gebühren des Schiedsgerichts regeln sich nach den Bräuchen der Berliner Industrie- und Handelskammer, solange nicht der Verband der Filmindustriellen eine eigene Gebührenordnung aufstellt, die dann maßgebend ist.

Für den Sühnetermin erhält der Obmann nur die Hälfte der normalen Obmannsgebühr, die jedoch auf die Obmannsgebühr des etwaigen späteren Verfahrens angerechnet wird.

Das Schiedsgericht tagt in Berlin.

Zuständiges Gericht im Sinne des § 1045 der Zivilprozeßordnung ist ausschließlich das Arbeitsgericht Groß-Berlin.

Die Vertretung vor dem Schiedsgericht durch Anwälte ist zulässig.

An vorstehendes Angebot halte(n) $\frac{\textit{ich mich}}{\textit{wir uns}}$ *bis zum*

.... *gebunden.*

Hochachtungsvoll

Hier abtrennen

....

.................................., den .... 19..........

An

....

....

....

Das uns mit Schreiben vom ....
durch Sie gemachte Vertragsangebot nehmen wir hiermit an.

Hochachtungsvoll

A. Tonfilmdrehbuch.

I. Szene aus dem Drehbuch von Dr. Fritz Wendhausen und Heinz Goldberg zu dem Tonfilm „Dreyfus“.

23. Bild.

Kasernenhof.

37. *Gesamt:*

Der *Trommler* trommelt, neben ihm, zu Pferd, General Darras, neben dem Trommler Trompeter, dann in Linie karreeförmig aufgestellt die Truppe. Hinter einem Gitter in der Kasernenhofmauer drängt sich das Volk.

Stimmengewirr, Ausrufe wie: „Er kommt, der Schuft!“ undeutlich nur als Gesumm wahrnehmbar.

Auf dem Hof ferner eine Anzahl von Offizieren, dann an anderer Stelle Reporter, die lebhaft in ihren Notizbüchern Aufzeichnungen machen Aus dem Haus jetzt, von 4 Mann und einem Unteroffizier eskortiert, kommt festen Schrittes Dreyfus.

Starkes Trommeln.

Vor dem General hält der Trupp. Auf einen Wink des Adjutanten, der neben dem General steht, schweigt die Trommel, das Stimmengewirr, das in der Luft hängt, verstummt.

(Der *Apparat* fährt auf die Gruppe zu.) Jetzt gibt Darras seinem Adjutanten einen Wink, dieser entfesselt Dreyfus und gibt ihm seine Waffen, die der Unteroffizier ihm umschnallt.

Darras:

Hauptmann Dreyfus, Sie sind unwürdig, die Waffen zu tragen. Im Namen des Volkes, wir degradieren Sie.

Jetzt hebt Dreyfus die Hände zum Himmel und mit starker Stimme ruft er:

Dreyfus:

Ich schwöre, daß ich unschuldig bin!

Von dem Gitter her kommen Stimmen, Schreien, schlagt ihn tot, hängt ihn auf, den Verräter, den Lumpen.

Der *Adjutant* tritt jetzt auf Dreyfus zu, reißt ihm schnell die lose an die Uniform genähten Knöpfe und Tressen ab.

Starker Trommelwirbel.

Jetzt zieht der Adjutant den Degen von Dreyfus Seite, über dem gebeugten Knie zerbricht er ihn und wirft die Stücke vor seine Füße.

Dreyfus:

Man degradiert einen Unschuldigen.

Trommelwirbel.

Jetzt steigt Dreyfus über die am Boden liegenden Ehrenabzeichen fest und männlich hinweg, er setzt sich an die Spitze der Soldaten, die ihn eskortieren sollen und beginnt, das Karree abzumarschieren.

Immer stärker die Stimmen, übertönt von seinem immer wiederkehrenden:

„Ich bin unschuldig!"

(Der Apparat fährt mit ihm), jetzt bleibt er stehen, er steht vor dem Gitter, hinter dem die ganze Masse rast und tobt.

Es ist ein Gejohle und Gepfeife, dazwischen immer wieder die Worte: Lump, Verräter, Judas.

Dreyfus (schreit):

Ich bin unschuldig! Es lebe die Armee!

Überlautes Gejohle folgt diesen Worten.

(Der Apparat geht mit ihm weiter.)

Er setzt seinen Weg fort. Jetzt bleibt er wieder stehen.

(Der Apparat fährt vor und faßt die Gruppe der Journalisten.)

Dreyfus mit immer mehr aufsteigender Erregung, Verzweiflung, Wut:

Dreyfus:

Sagen Sie in Ihren Zeitungen dem französischen Volk, daß ich unschuldig bin.

Auch hier wieder Gejohle und Rufen wie: Halt's Maul, Verrat, Judas, Schuft, Verräter.

(Der Apparat schwenkt.)

Dreyfus geht weiter.

39. Nah:

Dreyfus hat das Karree abgeschritten. Zwei Gendarmen erwarten ihn und legen ihm die Handschellen an. Jetzt wird er abgeführt.

Abblenden.

Der Trommelwirbel, der die ganze Zeit über angehalten hat, geht über in eine Marschmelodie, die gedämpft zu dem nächsten Bild überleitet.

Zarte Musik setzt ein. Streichinstrumente. Stücke aus Beethovens Eroica.

Stimme aus dem Dunkel:

Noch 6 Jahre mußte Alfred Dreyfus warten, bis der Oberste Gerichtshof ihn endgültig freisprach und ihm seine Ehre wiedergab.

Ganz leise setzt Trommeln ein und leitet zum

abblenden

über.

II. Szenen aus dem Entwurf eines Tonfilm-Drehbuches

von R. E. Stolzenberg

zu Lampels Schauspiel „Pennäler“

Die Bildnumerierung ist vor dem Drehen der einzelnen Bildeinstellungen zweckmäßig vom Regisseur selbst vorzunehmen.

(Im allgemeinen von links nach rechts zu lesen.)

Technik	Bildbeschreibung	Dialog und Ton
Aufblenden:	Ein größeres Theaterorchester. Über die Köpfe der Musiker und die Silhouette des kurz nach dem Aufblenden zu dirigieren beginnenden Kapellmeisters hinweg, sieht man aus einiger Entfernung einen, das übrige Bild ausfüllenden Bühnenvorhang. (S. Anmerkung 1 unten.)	
		Leises Einsetzen der Ouvertüre, allmählich anschwellend (s. Anmerkung 2)
	Und während dieses Bild die Ouvertüre hindurch bis zum FINALE unverändert bleibt, öffnet sich	
		indes das FINALE gedämpft beginnt (siehe Anmerkung 3)
	langsam auf dem Bilde der projizierte Bühnenvorhang hinter dem spielenden Orchester und (siehe Anmerkung 4)	

Anmerkungen:

1. Dieses Bild ist von dem Projektor des Kinos, in welchem der Film läuft, auf den geschlossenen Vorhang der Bildwand, falls ein solcher vorhanden ist, zu projizieren, sodaß die spielende Kapelle nur schemenhaft und soweit erkenntlich ist, daß der leichte optische Eindruck den akustischen unterstreicht und damit erklärlich macht. Das Licht des Kinozuschauerraumes ist während der Ouvertüre nicht ganz zu verlöschen, bzw. evt. durch farbige Effekte zu verändern, um dem Publikum den, das gesamte Schauspiel einleitenden Sinn der Ouvertüre besonders erkenntlich zu machen. Der Vorhang des Filmbildes wird im folgenden als „projizierter Vorhang“, der Vorhang des Lichtspieltheaters als „wirklicher Vorhang“ bezeichnet.

2. Bei einer Neukomposition ist zu berücksichtigen, daß die Motive der in dem Schauspiel vorkommenden Lieder häufiger wiederkehren und durch eine entsprechende musikalische Verbindung überhaupt das Grundmotiv bilden.

3. Das Grundmotiv des FINALE der Ouvertüre muß die Melodie des Liedes „Wenn wir wandern Seit' an Seit'“ sein.

4. Die Vision des sich auf dem Bilde öffnenden projizierten Bühnenvorhangs unterstützt der gleich darauf sich öffnende wirkliche Vorhang vor der weißen Wand des Kinos, auf der jetzt, den unteren Teil der Wand etwa ein Viertel ausfüllend, das spielende Orchester schärfer sichtbar ist.

Technik	Bildbeschreibung	Dialog und Ton
(schon mit dem Sichöffnen des projizierten Vorhangs)		
	erkenntlich wird ein offener Bühnenrahmen, der die im Folgenden auf der weißen Wand erscheinende Schrift einrahmt, bei	
		dem immer weiter gedämpft spielenden FINALE der Ouvertüre:
Titel:	„PENNÄLER"	
und ab- und aufblendend		
	„nach Peter Martin Lampels gleichnamigen Schauspiel"	
und ab- und aufblendend		
	„DIALOGE: LAMPEL"	
und ab- und aufblendend		
	„DREHBUCH: STOLZENBERG"	
und ab- und aufblendend		
	„REGIE: (Name)	
und ab- und aufblendend		
	„HAUPTDARSTELLER: (Namen) (möglichst verkürzen)	
abblenden	Dunkelheit	
		gleichzeitig verklingendes FINALE der Ouvertüre (Wenn wir wandern Seit' an Seit' . . .)
langsam aufblenden in		
	großes offenstehendes Tor, über dem zu lesen ist: STÄDT. TURNPLATZ, den man durch das offene Tor liegen sieht. In der Ferne kommt eine Gruppe Jungs in mehreren Reihen zu Vieren hintereinander, die vorderen haben Turngeräte, einen Faustball etc. unter dem Arm, singend auf das Tor zu — im Begriff den Platz zu verlassen	

Technik	Bildbeschreibung	Dialog und Ton
		die letzten Töne des verklingenden Finale der Ouvertüre blenden tonlich über in den noch fernen Gesang der Jungens:
		„Mit uns geht ein neuer Geist . . .“
	und während die Jungs das Lied von Neuem beginnen, schwillt es mehr und mehr an, je näher sie kommen	
KAMERA ganz langsam höher		
	Während der letzten Zeile marschieren die Jungs unter der	„Wenn wir wandern Seit' an Seit' Und die alten Lieder singen Und die Wälder wieder klingen, Wissen wir — es muß gelingen, Mit uns geht die neue Zeit.“
jetzt hochstehenden und schräg herunter photographierenden KAMERA		
	hindurch, wobei der letzte, der in der Reihe überzählige Tertianer Herbert Semmler, seinen unterm Arm getragenen Faustball verliert, der ein Stück zurückrollt, worauf Herbert dem Ball nachspringt, indessen die andern Jungens, den Vorfall nicht bemerkend, weitermarschieren und die letzte Zeile wiederholen	Mit uns geht die neue Zeit.“
	wobei sie, bis auf die letzte Reihe, aus dem Bilde verschwunden sind, indessen sich Herbert mit dem wiedergeholten Ball schnell wieder anschließt und in jungenhaftem Eifer das letzte Wort des Liedes, zu dem er gerade noch zurechtkommt, mitschmettert	. . . . „Z e i t!“
	Worauf	(während das Wort sekundenlang nachklingt)
	die Jungens aus dem Bilde verschwinden und	
die KAMERA abblendet		

Technik	Bildbeschreibung	Dialog und Ton
	Indessen durch die Dunkelheit	ein neuer Ton klingt: „— höchste Zeit — Mensch, komm . . .“
	wobei	
gleichzeitig aufblendend	die Rücken zweier Schüler sichtbar werden, von denen der eine mit der Hand nach etwas zeigt, was	
die gleitende Kamera jetzt erfaßt, g r o ß	die Schuluhr, die auf 5 vor NEUN steht,	
	worauf	
die KAMERA ihren Standplatz nicht verändernd (von vorher vom Rücken der Schüler aus),	die jetzt weitergeeilt sind und kleiner werden	
das TOTALE	eines großen Platzes entsteht mit Bäumen, Schülern mit Mappen unter dem Arm	indessen der undeutliche Lärm der Straße ein mattes, nur manchmal durch gedämpftes Autohupen, Wagenrasseln und Hundebellen deutlicher werdendes Brausen hörbar ist
	auf ein im Hintergrund sichtbares großes Gebäude zustrebend, wobei man auch in der Ferne die Turngruppe erkennt, die durch das Eingangstor verschwindet	
	während	
langsam die KAMERA	auf das Haus zuläuft, erkennt man, näherblickend, ein Schulgebäude mit vielen Fenstern und großem Eingangstor, über dem	
KAMERA immer näher g r o ß	zu lesen ist:	
	„HUMANISTISCHES GYMNASIUM UND REFORM-REAL-GYMNASIUM“ „SINE AMICITIA VITAM ESSE NULLAM“	Leise Musik — undefinierbar woher — setzt ein (akustisch untermalend)

Technik	Bildbeschreibung	Dialog und Ton
	und	
KAMERA noch näher	und größer die Schrift in Stein gemeißelt:	
	„SINE AMICITIA VITAM ESSE NULLAM"	
	diese Schrift, die langsam verschwindet und überblendet in den Satz:	
	„OHNE FREUNDSCHAFT GIBT ES KEIN LEBEN!"	
	worauf	
die KAMERA ein wenig zurückläuft, sodaß		
	wieder sichtbar wird das große Eingangstor und in einer ausgehauenen Nische eine Steinstatue,	
die jetzt die KAMERA erfaßt groß		
	ein sitzender Mann, der einem vor ihm stehenden Knaben die Hand reicht, während die andere Hand auf des Knaben Schulter liegt, und während	die Musik langsam verklingt
	und	
die Kamera bei diesem Bilde einen Augenblick verweilt		
		schlägt (die unsichtbare) Schuluhr neun metallische Schläge (gleichsam damit einen neuen Bildabschnitt einleitend)
wobei die KAMERA wieder voll erfaßt		
	das Tor und	
überblendend		
	den dahinter liegenden Treppenaufgang, der auf einen Korridor mündet und von Schülern belebt ist, die sich	
während die KAMERA nunmehr den Korridor voll erfaßt		

Technik	Bildbeschreibung	Dialog und Ton
		und hörbar ist das undeutliche Geräusch vieler Stimmen, hier und da ein Türenschlagen, ein heller Jungensruf
	durch verschiedene auf den Korridor mündende Türen zerstreuen, sodaß der Korridor bald wieder leer ist bis auf zwei Schüler	
		(indessen der Lärm der Klassen sich sehr stark dämpft)
	die am Ende des Korridors stehen und auf die	
jetzt die KAMERA zuläuft, sodaß		
	man die Gesichter der Schüler erkennt, die schweigsam neben einer Tür wartend stehen vor einem an der anschließenden Wand befestigten schwarzen Brett und	
		(immer weiter der gedämpfte Lärm der Klassen)
während die KAMERA g r o ß		
	die Köpfe der wartenden Schüler zeigt, erkennt man hinter ihnen das schwarze Brett mit den weißen Papieren mancher Anschläge und Mitteilungen, auf die jetzt	
langsam näherrückend die KAMERA überblendet		
	bis sehr deutlich ein Papier, eine amtliche Mitteilung des Direktors erkenntlich wird mit diesem Wortlaut:	
		(leise Musik — undefinierbar woher — setzt ein, akustisch untermalend)

DER STUDIENDIREKTOR.

Das AMERIKA-INSTITUT zur Förderung wissenschaftlicher und kultureller Interessen zwischen den Vereinigten Staaten von Nordamerika und Deutschland erläßt einen Wettbewerb, nach welchem der bestredende Primaner Deutschlands mit einem selbstausgearbeiteten Vortrag einen Preis erhält. — Dieser Preis besteht aus einer mehrwöchentlichen kostenlosen Amerikareise. — Meldungen zur Teilnahme von Primanern des Humanistischen

Technik	Bildbeschreibung	Dialog und Ton
	und Reform-Realgymnasiums nimmt Herr Studienrat Dr. Schaffer entgegen.	
	Und während	
die KAMERA oben und unten abblendet		
	bis nur noch der Satz zu lesen ist	
	. . . .	
	„der bestredende Primaner Deutschlands . . .“	
	. . . .	
blendet sie wieder über		
	in die Köpfe der zwei Schüler, wobei jetzt der eine, mit der Hand auf das Papier weisend, zum andern sagt:	
		„. . . Mensch, paß auf, wie sich Semmler nachher blamieren wird . . .“
	und	
Gesamte		
	während die Jungens öffnet sich die Tür	lachen (worauf sie sofort verstummen)
	über der zu lesen ist „LEHRERZIMMER“	
	und heraustreten, wobei die Jungens grüßen, nach und nach 1, 2, 3	
	Herren, wovon der eine wiedergrüßt	„morjen . . .“
	teils mit Büchern, teils mit Heften unterm Arm, sich bald aus dem Bild entfernend —	
	bis eine Gruppe von drei Herren durch die Türe tritt: der Studiendirektor, Stud.-Rat Dr. Schaffer und Stud.-Ref. Dr. Fritz,	
	dem sich, dem Stud.-Rat Dr. Schaffer einen Stoß Hefte abnehmend die beiden wartenden Schüler anschließen — und während	
die KAMERA vor dieser Gruppe Menschen herläuft ihre Gesichter zeigt		

Technik	Bildbeschreibung	Dialog und Ton
	sieht man, wie sich der Studiendirektor zu dem neben ihm gehenden Stud.-Rat beugt und sagt:	
		„Ich halte diese Idee des Redewettstreits für schrecklich verfehlt, weil die Jungens niemals eigenes, sondern nur aufgelesenes Zeug nachplappern!"
	Und während jetzt	
g r o ß	nur der Kopf des Direktors sichtbar ist,	
blendet über die KAMERA		
	in den Kopf des Primaners Semmler, der vor der Klasse auf dem Katheder stehend seine Rede hält, in sichtlicher Befangenheit	
		„. . . in allen Schulen ist sittliche Bildung, staatsbürgerliche Gesinnung, persönliche und berufliche Tüchtigkeit . . ."
allmählich Gesamte		
	obgleich die Klasse sich vollkommen ruhig verhält	
		(während man die Stimme Semmlers befangen weitersprechen hört)
	weil	
		„. . . im Geiste des deutschen Volkstums und der Völkerversöhnung zu erstreben . . ."
die näherrückende KAMERA zeigt es		
	auf einer vorderen leeren Bank der Direktor zuhörend Platz genommen hat, während Stud.-Rat Dr. Schaffer mit einem	
die KAMERA zeigt es		
	ironischen Lächeln, ebenfalls zuhörend, an einem Fenster lehnt	
	und	(kurze Pause)
die KAMERA zeigt es		
	Stud.-Ref. Dr. Fritz abseits am Türpfosten steht	

Technik	Bildbeschreibung	Dialog und Ton
GESAMTE schräg, sodaß	und	
	sowohl der redende Semmler, als	
	auch der Direktor und die Lehrer, sowie ein Teil der Klasse sichtbar sind	„. . . darum zum Schluß . . .
	worauf	
die nähereilende KAMERA bringt größer		
	den Direktor und den Primaner Leo ins Bild, der sich impulsiv erhoben hat, worauf der Direktor fragt:	„LEO, was wollen Sie?"
	und	
	Leo, dem Direktor zugewandt erwidert:	
g r o ß		
		„Der angeführte Artikel unserer Verfassung geht weiter: Beim Unterricht in öffentlichen Schulen ist Bedacht zu nehmen, daß die Empfindungen Andersdenkender nicht verletzt werden!"
(Langsam in die vorherige Stellung zurückgehende KAMERA).		PEINLICHE PAUSE.
	Worauf	
die KAMERA hinüberschwenkt g r o ß		
	zu dem Stud.-Rat Schaffer, der ein zorniges Gesicht macht	
	und	
hinüberschwenkt g r o ß		
	zu Stud.-Ref. Dr. Fritz, der mit leisem Lächeln zu Leo hinschaut und einen Moment die Augen schließt (wie um zu sagen „warum schadest Du Dir unnötig, dummer Junge?")	
	und schließlich über die gespannt zuhörenden Gesichter einiger Schüler	
zurückschwenkt		

Technik	Bildbeschreibung	Dialog und Ton
	zu dem Direktcr und Leo, zu dem der Direktor jetzt gelassen sagt:	
		„Ich weiß sehr gut, was Sie damit bezwecken wollen, Leo!“
	und zu Friedmund Semmler gewandt	
der damit wieder ins Bild kommt		„... Nun?“
	indes Leo sich setzt und Friedmund jetzt krampfhaft fortfährt	
groß		„.... Darum zum Schluß: Wir dürfen ohne Übertreibung sagen, daß die Republik als Staatsform gesichert ist — die Republik hat sich durchgesetzt
die gleitende KAMERA zeigt		
	daß die Klasse sich regungslos verhält, indes Friedmund fortfährt:	
		„... Wenn wir in stillen Stunden Einkehr in uns halten, oder in hohen Stunden innerlichst mit der Gemeinschaft verschmelzen — in allen ergriffenen Stunden des Einzel- und Volkslebens, werden wir uns zuversichtlich bewußt, daß unter allem Wellengang der Oberfläche unbeweglich und unzerstörbar der Fels unseres gemeinsamen Volkstums ruht: EINIGKEIT und RECHT und FREIHEIT! ... —“ (Pause)
	Studienrat Schaffer am Fenster macht eine verächtliche Bewegung	
	und	
die KAMERA erfaßt ihn groß		
	scharf und funkelnd zu Friedmund	„SIND SIE FERTIG?“
	Worauf	
die KAMERA über einen Teil der Klasse hinweg, sodaß		

Technik	Bildbeschreibung	Dialog und Ton
	die Köpfe einiger Jungens sichtbar bleiben	
	zu Friedmund	
schwenkt		
	der sehr verwirrt antwortet·	„... Ja ..."
	worauf die Schüler zum Teil in ausbrechen	Gelächter
	außer	
zurückrollende KAMERA		
	dem in der vorderen Reihe sitzenden Leo und dem Direktor, der sich jetzt langsam erhebt und zu Friedmund sagt:	
		„... Nun, dann wünsche ich Ihnen, daß Sie morgen Erfolg haben mögen ...!"
	worauf Friedmund eine verlegene Verbeugung macht und sich — von seinen Kameraden umringt — setzt	
	indes	
KAMERA mitgehend		
	der Direktor mit dem Stud.-Rat und Dr. Fritz beiseitetritt und sagt:	
		„Wie gesagt, ich halte diesen Redewettstreit für keinen glücklichen Gedanken!"
	und der Stud.-Rat gedämpft fragt	
		„Meinen Sie denn, daß ausgerechnet der Semmler den Preis kriegt?"
	worauf der Direktor mit einem Blick auf die Klasse	
KAMERA mitgehend und einen Moment		
	die Klasse zeigend, die sich mit Friedmund beschäftigt —	
	den Kopf schüttelnd erwidert:	
		„Mit solcher mittelmäßigen Weisheit nie ...! Schade um die vielen Stunden, die er sich damit gequält hat! Es ist etwas Fürchterliches um diese Primaner, die abgelesene und aufgelesene Sätze nachplappern. Man sieht sofort: nichts Eigenes, nichts ist geklärt, keine selbständige Idee, sie

Technik	Bildbeschreibung	Dialog und Ton
		sind nicht fruchtbar, sie schwatzen!“
	worauf Dr. Fritz einfällt:	„Es ist bedrückend, Herr Direktor!“
die KAMERA zeigt es schräg	jedoch der Direktor, fast ohne hinzuhören, an die Klasse sich wendet, die sofort wieder regungslos sitzt	
		„Da ich, wie Sie wissen, in dem Schülermordprozeß möglicherweise heute nochmals als Sachverständiger aufgerufen werden kann, kann ich die nächste Stunde bei Ihnen nicht wahrnehmen. Ich appelliere an Ihre Einsicht: Sie haben jeder Einzelne genügend Grund, sich mit Wiederholung des bisherigen Pensums zu beschäftigen, auch wo Ihre Versetzungszensuren bereits geschrieben sind. Der Herr Studienreferendar Dr. Fritz wird in meiner Abwesenheit die Aufsicht in der Klasse führen.“
	(Geht nach links zur Tür, die Schüler stehen stumm auf).	

B. Stummfilmdrehbuch.

Szene aus Lampels „Pennäler" für Stummfilm.
(Drehbuch R. E. Stolzenberg).

Die verschiedenen Bildeinstellungen zind zweckmäßig vom Regisseur vorher mit Nummern zu versehen.

..... und

während die Kamera langsam in ihre alte Stellung zurückgleitet

wieder die beiden geschlossenen Wohnungstüren

und

einen Teil des Treppenflurs und der Treppe welche jetzt
zwei Jünglinge heraufkommen, die —
indessen man sie als Leo und Horst erkennt —
an der Türklingel läuten,

und

einige Momente verharrend —

Kamera jetzt im Rücken der Knaben und groß die Tür

warten, bis die Tür geöffnet wird, was auch gleich darauf geschieht
und
in der geöffneten Türspalte ein Gesicht —

Kamera noch näher

das verhärmte Gesicht der Frau Semler — erscheint,
die
mit großen, erschrockenen Augen —
die beiden Jungs anstarrt

und

ängstlich
die Frage stellt:

Titel:

„... ist was passiert ...?
Friedmund ist noch nicht da ..."

worauf

Kamera jetzt schräg von der Seite, sodaß alle Gesichter im Bilde sind

auch die Jungs erschrockene Gesichter machen

Titel:

„Wir dachten, Friedmund ist hier ..."

und

die Frau,
mehr und mehr von Angst geschüttelt
die Knaben durch die Türspalte
in die Wohnung drängelt.

Und

neuaufblendend

die Kamera

in das einfach-bürgerliche, fast ärmliche Wohnzimmer,

in welchem Leo und Horst —

Teilgesamte

wie bedrückt von dem freudlosen Milieu — nicht beachtend die einladende, müde Handbewegung der Frau —

an der Tür stehen bleiben —

indessen

groß

die Frau — mit den ängstlichen Augen — in immer größerer Angst, zu den Schülern sagt:

Titel:

„Heute ist doch der Redewettstreit....
ist Friedmund....
ausgewählt....??"

was

groß

Horst und Leo,
sichtlich unfähig, sich dieser ganzen Atmosphäre anzupassen — mit fast unmerklichem Kopfschütteln — schweigend — beantworten

und

groß

die Frau,
diese Antwort ahnend,
auf einen
neben ihr stehenden Stuhl lautlos weinend zusammensinkt.

Titel:

„Was wird
der Vater
sagen..."

indessen

die Schrift dieses Titels langsam — bis auf die zwei Worte „Der Vater", die scharf sichtbar bleiben — unschärfer wird und verschwimmt, und in diesen Titel hinein

ein großer — ein wenig schwankender — sehr deutlicher Schatten

überblendet

der an einer Hausmauer entlangläuft, und...

indessen

die Kamera neben diesem Schatten eine kurze Weile hergleitet, sie langsam wieder überblendet in

das Treppenhaus von vorher

in der alten Stellung

mit den zwei Türen
und dem Teil der Treppe,
(die man jedoch jetzt weniger scharf erkennt) als:

d i e T r e p p e n w a n d —

an welcher sich —
gespenstisch fast —
die Umrisse des Schattens von vorher
sehr scharf —
sehr groß —
sehr drohend
k o n t u r i e r e n

und

größer und größer werdend
näher und näher kommen

b i s

der Schatten —

(Kamera jetzt von unten schräg herauf, dicht vor der Tür, im Rücken des Mannes)

gleichsam übergeht

in den breiten —
etwas gebeugten, brutalen Rücken eines Mannes in (soweit das sichtbar sein kann) einem verschlissenen, schwarzen Mantel mit angestoßenem Samtkragen —

FSC
www.fsc.org
MIX
Papier | Fördert gute Waldnutzung
FSC® C083411

Kolibri 360 GmbH
Ferdinand-Jühlke-Straße 7
99095 Erfurt, Deutschland
produktsicherheit@kolibri360.de